Des pierres aux fusils
Les secrets de l'Intifada

Georges Malbrunot

Des pierres aux fusils
Les secrets de l'Intifada

Flammarion

ISBN : 2-08068330-6

À mes parents

Introduction

De la révolte au chaos

En ce printemps 2002, le Proche-Orient tutoie le précipice. La violence meurtrière des kamikazes palestiniens répond aux exécutions sommaires de l'armée israélienne pendant ses ratissages des villes autonomes de Cisjordanie. Les espoirs soulevés par une paix à portée de main il y a seulement deux ans ont été ensevelis sous un déluge de feu et de haine. Entre Israéliens et Palestiniens, il faut remonter plus de trente ans en arrière pour se rappeler bouleversement si brutal.

Que s'est-il passé au cours de ces deux années de rupture ? L'Intifada a surpris tout le monde. Pourtant, dès les premiers mois de l'an 2000, sur le terrain, les jalons de la révolte un à un étaient posés. Lionel Jospin en fut une des premières cibles. Les bonnes victimes sont devenues de mauvaises victimes. La lutte que les Palestiniens engagent alors contre l'occupant israélien est celle, disent-ils, qui les conduira à l'indépendance. Fatigués et déçus par d'interminables négociations, ils ont voulu reprendre leur destin en main. Comme ils l'avaient fait pendant la première Intifada à la fin des années 1980.

Mais, cette fois-ci, le théâtre des opérations n'est plus le même. Ils disposent d'une police, d'armes et d'une Autorité autonome, dirigée par leur leader historique, Yasser Arafat. Un leader solidement aux commandes ou seulement un symbole d'un pouvoir qui hésite entre les directions à prendre ? Arafat reste engagé par les accords qu'il a signés avec Israël. Il ne peut revenir sur le choix stratégique qu'il fit voici bientôt dix ans et qui lui permit de rentrer sur sa terre. Mais peut-il tourner le dos à la colère de son peuple et apparaître comme un traître ?

Tout au long de la révolte, Yasser Arafat slalomera entre les écueils. Il a intégré les islamistes dans l'Intifada pour mieux les étouffer sous l'édredon du Fatah, son mouvement, chargé de conduire le soulèvement. La tactique n'est pas dénuée d'intelligence, mais, en faisant renaître les « barbus » de leurs cendres, il recrée du même coup la menace d'attentats aveugles qui radicaliseront l'opinion israélienne. Diaboliques islamistes à la stratégie ambiguë : derrière leur rhétorique enflammée, l'évolution de leur mouvement, ces dernières années, atteste pourtant d'un indéniable pragmatisme.

« C'est en arrivant près de la rivière que l'on décide comment la franchir. » La remarque est de Jibril Rajoub, chef du service de la Sécurité préventive en Cisjordanie. Elle pourrait s'appliquer à la façon dont Yasser Arafat a ou n'a pas géré la crise. Sans renoncer au dialogue, il a tenté d'utiliser la violence comme moyen de pression politique face à Israël. Convaincu d'une manière d'éternité — n'a-t-il pas vu défiler cinq Premiers ministres israéliens depuis 1993 comme il se plaît à le répéter en souriant devant ses interlocuteurs —, il a souvent temporisé, voire finassé, jouant parfois un double jeu déroutant. Et les portes qui devaient s'ouvrir devant lui ne se sont, jusqu'à présent, pas entrebâillées.

En décembre 2000 et janvier 2001, les dirigeants saoudiens, chez qui Arafat se rend à plusieurs reprises, le convainquent que « Bush est leur homme ». Il commet l'erreur de ne pas faire baisser la violence suffisamment tôt afin de donner une chance aux pourparlers de Taba où les négociateurs des deux camps sont près d'aboutir, ce qui aurait facilité la réélection d'Ehoud Barak.

La seconde porte demeurée fermée à Arafat, c'est une rencontre avec le nouvel occupant de la Maison-Blanche. Sous l'influence des membres les plus conservateurs de son entourage et briefé par la précédente administration qui avait blâmé Arafat pour l'échec de Camp David, l'ancien gouverneur du Texas refuse de rencontrer le chef de l'Autorité palestinienne. Pire, il donne son feu vert aux ripostes décidées par Ariel Sharon.

Les dirigeants américains ont du mal à comprendre la personnalité complexe d'Arafat. Encore plus que d'autres responsables politiques, ils se perdent à décrypter ses pensées profondes. En boudant ostensiblement Arafat, Bush a sans doute, à son tour, commis une erreur que la région est en train de payer.

Sur la pelouse de la Maison-Blanche qu'il a foulée tant de fois sous l'administration Clinton, le chef de l'OLP aurait pu faire un geste — un vrai cessez-le-feu gagé par une relance des négociations politiques — qu'il s'est refusé à consentir à Shimon Peres, convaincu de l'impuissance de ce dernier, et à Ariel Sharon, persuadé que son ennemi juré n'accepterait jamais de le rencontrer.

Le chaos actuel signe la faillite de la politique américaine, dans sa vision initiale du conflit en tout cas, fondée sur un encouragement tacite aux ripostes militaires israéliennes.

En privilégiant une approche essentiellement sécuritaire, l'administration Bush a *de facto* fait le jeu de Sharon, élu par les Israéliens pour mettre fin à la violence. Les autres acteurs du jeu au

Proche-Orient n'ont pas pu renverser la donne, les « frères » arabes en raison de leur peu de solidarité avec Arafat, et l'Europe à cause de son impuissance.

Arafat a compris la menace qui pesait sur la résistance après les attentats du 11 septembre aux États-Unis. Il a tué rapidement l'équation « Arafat = Ben Laden ». Mais il n'en a pas tiré les conclusions qui s'imposaient à moyen terme : les attentats terroristes contre des civils à l'intérieur d'Israël pourraient finir par emporter son pouvoir.

Convaincu qu'il détient les clés de la stabilité au Proche-Orient, Arafat est tombé dans le piège tendu par Sharon. Plutôt que d'amener celui-ci sur le terrain où il aurait été en difficulté, c'est-à-dire autour de la table de négociations où il n'a rien à offrir de conséquent, le chef de l'OLP a laissé faire la révolte, et donné au « Général bulldozer » l'opportunité de mettre progressivement en place sa stratégie de destruction des structures armées ou administratives des Palestiniens, pour conjurer toute perspective d'État, ce qui est sa vraie priorité.

Nul besoin d'être un stratège militaire pour deviner où voulait en venir le Premier ministre du Likoud, lui qui fut hostile aux accords d'Oslo dès leur signature. L'actuel conflit a ceci de particulier que son scénario paraît souvent écrit d'avance. Sharon a opéré en chef de commando. Après chaque opération, il s'est retiré, le plus souvent sans grand dommage pour ses troupes. Mais, à chaque fois, la riposte a franchi un cran supplémentaire en se rapprochant de la cible : l'anéantissement de la plus grande partie possible de l'Autorité palestinienne, et la mise hors d'état d'opérer d'Arafat.

En quinze mois à la tête du gouvernement israélien, Sharon affiche à son actif un palmarès impressionnant de lignes rouges franchies, autant de premières dans le conflit, qui n'ont fait qu'attiser la violence qu'elles étaient censées réduire. Quarante jours après son entrée en fonction, il a commencé par faire entrer les chars pendant une journée en zone autonome palestinienne dans la bande de Gaza. Il a enchaîné sur une modification des règles du jeu au Liban en frappant des cibles militaires syriennes. Il a poursuivi en faisant éliminer deux responsables politiques du mouvement islamiste Hamas et le chef du Front populaire de libération de la Palestine, une organisation qui n'est pourtant plus le mouvement « terroriste », spécialisé dans les détournements d'avions au début des années 1970. Il a ordonné l'entrée de Tsahal dans les camps de réfugiés en Cisjordanie, avant de se lancer à l'assaut des villes autonomes palestiniennes.

Fidèle à son passé, le général Sharon s'est

montré bon tacticien dans l'utilisation de la violence palestinienne comme justification de ses frappes lourdes. Mais, sur le fond, sa politique a conduit à l'impasse. Chacune de ses opérations a relancé la spirale des affrontements, et creusé la volonté de résister chez l'immense majorité des Palestiniens.

Le soulèvement a été mieux organisé qu'on ne l'a dit. Certains responsables ont envoyé leurs activistes au front. La « deuxième armée » d'Arafat s'en est chargée, discrètement bien sûr, parce qu'ils ne veulent pas hypothéquer les chances d'une reprise du dialogue. Peu à peu, les activistes ont structuré la révolte. Désormais, des armes parviennent clandestinement en Cisjordanie et à Gaza. Au Liban, le Hezbollah, encouragé par son protecteur iranien, tente de pousser les feux du soulèvement. Dans le secret de l'Intifada, la guerre de l'ombre fait rage entre les deux camps. Anéanties par Tsahal, les forces de sécurité d'Arafat pourront-elles renouer avec leur rôle de gardien de la sécurité d'Israël ? Après bientôt deux ans de combat, la quête de l'indépendance pour les Palestiniens n'a jamais paru aussi éloignée. Un rêve qui s'écroule, à la hauteur des immenses espérances d'une « paix des braves », aujourd'hui envolée.

I

Les braises de la révolte

Lionel Jospin, le bouclier d'Israël

Un curieux mélange de colère rentrée et de gêne mal contenue taraude Arafat attendant Lionel Jospin au barrage d'Erez, à l'entrée de la bande de Gaza, le 26 février 2000. Les civilités empesées du chef de l'OLP masquent mal son trouble. Il redoute que le regrettable incident dont a été victime quelques heures auparavant le Premier ministre « ne lui coupe les ponts » avec la France, un pays ami de la cause palestinienne. Il est sans doute loin de s'imaginer que les événements de Bir Zeit vont signaler le début de la grogne qui enflammera six mois plus tard les territoires qu'il contrôle. L'affront subi par Lionel Jospin est aussi d'une certaine façon dirigé contre une Autorité palestinienne engluée dans de vaines négociations avec Israël.

Enragée par ses propos sur « le Hezbollah terroriste[1] », une foule d'étudiants a lapidé Lionel Jospin à l'entrée du campus. Il eut personnellement très peur. Jamais personnalité politique ne fut aussi mal reçue en Palestine. Sous cape, les diplomates européens rirent de « la leçon » infligée, alors que l'homme de la rue n'en revient pas que de tels propos aient pu sortir de la bouche du représentant de « la patrie des droits de l'homme ».

Avant de soulever le tumulte à Bir Zeit, la petite phrase de Jospin a stupéfié Hubert Védrine, son ministre des Affaires étrangères, et mortifié nombre des diplomates qui l'accompagnaient. « Vous vous êtes écarté de la ligne », lui fait aussitôt remarquer Védrine. Un diplomate de haut rang veut croire qu'il s'agit d'une bourde, aisément rectifiable. Mais le Premier ministre n'en démord point. Malgré la signature apposée par Paris au bas des accords conclus quelques années plus tôt entre les différents belligérants au Sud-Liban, qui ne font nullement état d'un

1. Au cours d'une conférence de presse, le 24 février 2000 à Jérusalem, le Premier ministre qualifie de « terroristes » les attaques du Hezbollah contre l'armée israélienne au Sud-Liban, ce qui marque une inflexion nette de la position française. Interpellé par l'auteur, M. Jospin nie un tel changement de cap et réitère ses déclarations.

« Hezbollah terroriste » face à l'occupation israélienne de la zone[1], il maintient le cap et s'aligne sur les positions de l'État hébreu. Alors qu'en France, la polémique avec Jacques Chirac enfle, à Beyrouth, Selim Hoss, le Premier ministre libanais, avoue sa stupéfaction : « Je viens juste de recevoir une lettre de Jospin dans laquelle il dit comprendre les difficultés du Liban et nous soutient face aux problèmes créés par les raids israéliens de représailles. Quelle est la logique[2] ? »

Jospin est convaincu que Barak est l'homme de la paix. Succédant à l'intransigeant Benyamin Netanyahou (Likoud-droite), il bénéficie d'un a priori favorable auprès des dirigeants étrangers. On lui fait crédit. N'a-t-il pas juré que l'armée israélienne se retirerait du bourbier sud-libanais d'ici juillet 2000 ? Mal préparé, le voyage à Jérusalem doit amorcer un rééquilibrage de la politique extérieure française, jugée proarabe par Matignon.

Les lacunes de Jospin sur le dossier apparais-

---

1. En avril 1996, Israël, le Liban et la Syrie signent les accords mettant fin à l'opération, appelée « Raisins de la colère », contre le Hezbollah lancée par Tsahal au Sud-Liban. Les États-Unis et la France parrainent ces arrangements qui limitent la guérilla du Hezbollah à la zone contrôlée par Israël, en évitant les victimes civiles.

2. Entretien téléphonique avec l'auteur, le 25 février 2000.

sent dès le début de la visite. Le soir même de son arrivée, une réception en son honneur est donnée dans les salons Bauhaus de la résidence de l'ambassadeur de France en Israël, Jacques Hutzinger, dans le vieux Jaffa, près de Tel-Aviv. Ce dernier, ami de Jospin, a été fraîchement nommé, avec pour mission de relancer les relations franco-israéliennes, tendues par l'intermède Netanyahou. Le Premier ministre sert les mains des invités de la communauté francophone d'Israël. Devant un officier stationné au Sud-Liban pour le compte des Nations unies, Jospin s'enquiert du moral des troupes françaises au Pays du cèdre. « Très bien, lui répond son interlocuteur. Et comment vont nos soldats déployés sur le plateau du Golan ? », poursuit le Premier ministre. Étonnement embarrassé du militaire. « Je suis désolé monsieur, il n'y a pas de Français sur le Golan [1]. » Dans l'avion du retour, Jospin demandera à un diplomate de lui clarifier la situation, et conclura la conversation : « Il est dommage que nous n'ayons pas eu cette explication plus tôt. »

Devant son hôte, Yasser Arafat condamne l'incident de Bir Zeit. Pas question de laisser ternir l'image de la résistance palestinienne par un « acte aussi disgracieux ». Arafat a tenu à téléphoner à Jospin immédiatement après sa lapidation.

1. Entretien avec l'auteur, le 5 mars 2000 à Naharya.

Le raïs ordonne une enquête sur-le-champ. L'université de Bir Zeit promet d'expulser les fauteurs de trouble. Dans les jours qui suivent, plusieurs dizaines d'étudiants sont arrêtés par la police palestinienne. La répression met le campus en ébullition.

Une grève de la faim est organisée en solidarité avec les jeunes gens sanctionnés. Les journalistes israéliens deviennent indésirables sur place. La Shabiba, le mouvement de jeunesse du Fatah, la faction de Yasser Arafat au sein de l'OLP, rejette avec « mépris » les mesures disciplinaires et menace d'interrompre les cours.

Des représailles israéliennes au Liban, après une attaque du Hezbollah dans la zone dite de sécurité, ont soulevé auparavant un élan de sympathie sur le campus. Quelques jours avant la visite de Lionel Jospin, une marche de solidarité avec le Pays du cèdre a rassemblé des centaines de Palestiniens à Ramallah. L'avant-veille, à Bir Zeit, des heurts ont opposé des étudiants qui défilaient en soutien au Hezbollah aux soldats israéliens, toujours maîtres du secteur. À l'équipe venue en éclaireuse superviser la sécurité du Premier ministre, un membre de la Force 17, la garde prétorienne de Yasser Arafat, déconseilla l'étape prévue à l'université palestinienne[1].

1. Entretien avec l'auteur, le 15 janvier 2002.

Sur les collines pelées de la Cisjordanie, quatorze ans après la première Intifada, Bir Zeit était redevenu un foyer de la révolte. À la fin des années 1980, le campus a fourni quantité d'activistes qui luttèrent contre l'occupation israélienne. Dominé par les nationalistes du Fatah, le conseil des étudiants passa entre les mains des opposants aux négociations avec Israël pendant les années d'Oslo.

Faute de pouvoir — encore — exprimer leur colère contre l'Autorité palestinienne, les étudiants ont retourné leur courroux contre Israël et ceux qui défendent ses thèses. Finalement, la fronde estudiantine a raison de la fermeté d'Arafat. Elle force l'université à réintégrer les trublions et Arafat à libérer les auteurs du caillassage de Jospin. Paris a d'ailleurs discrètement fait passer un message en ce sens aux autorités palestiniennes.

Au printemps 2000, les pierres de Bir Zeit constituent le premier jalon de la perte de contrôle par l'Autorité de sa propre base militante. Neuf mois après les espoirs soulevés par l'élection de Barak au poste de Premier ministre, le processus de paix est toujours dans l'impasse. La primauté accordée par le dirigeant travailliste au volet syrien des négociations rend Arafat furieux. « Vous détruisez la confiance entre nous », lui a dit le leader palestinien, lors de leur dernière rencontre à Erez. La colonisation se poursuit de plus belle. Depuis l'entrée en fonction de Barak, 1 320 nouveaux logements ont été construits dans les implantations illégales de Cisjordanie, de Gaza et de Jérusalem-Est. Les Palestiniens doutent de la volonté du chef de gouvernement israélien de faire les concessions nécessaires à la paix. Mais personne ne prend garde au coup de semonce de Bir Zeit. On met l'incident sur le compte des heurts isolés qui surviennent à intervalles réguliers entre le pouvoir et la rue. À l'approche de la visite du Pape en Terre sainte, les services de sécurité palestiniens reçoivent des consignes de fermeté. Tout se déroule très bien. Mais l'échéance fatidique ne fait que reculer et l'impatience fait insidieusement son œuvre.

La Nakba en répétition générale

En ce début avril 2000, sur le bureau de Barak, les rapports des services de sécurité pointent la même menace. Les territoires palestiniens sont devenus une véritable poudrière. Si les habitants de Cisjordanie et Gaza continuent de sentir que le Premier ministre s'en tient seulement au volet syrien des négociations, la violence latente va finir par exploser.

Malgré les avertissements de la CIA — la centrale américaine de renseignements est présente officiellement sur le terrain depuis deux ans —, Barak reste inflexible. Pas question de renforcer Arafat face aux détracteurs dans son propre camp. Il s'oppose à une recommandation du Shin Beth, le service secret intérieur, de libérer tous les prisonniers proches du Fatah d'Arafat. Il en reste plus de 2 500 sous les verrous. Le Shin Beth soutenait qu'une fois élargis, les militants seraient intégrés dans les services de sécurité palestiniens, et viendraient grossir les rangs des supporters de la paix.

La question des prisonniers empoisonne les relations entre les détenus et l'Autorité. Des années de négociations avec Israël n'ont pas abouti à leur libération. Dans les geôles, ce n'est pas comme dans les territoires occupés : les pro-Arafat sont les plus revendicatifs. Condamnés le plus souvent à de très lourdes peines, leurs voisins islamistes n'attendent pas grand-chose, ni des uns ni des autres[1].

À la prison Hadarim d'Ashkelon, dans le sud d'Israël, où une soixantaine d'hommes sont regroupés, la tension est lourde entre les détenus et l'administration pénitentiaire. En comparaison des préoccupations sécuritaires dans le pays, le

1. Entretien avec un responsable de la Croix-Rouge qui visite les prisons, 2 janvier 2002 à Tel-Aviv.

système carcéral israélien est resté relativement souple. Les conditions de détention sont assez bonnes, offrant ainsi une soupape de décompression aux captifs.

À cette époque, un nouveau système de parloir est expérimenté dans certaines prisons. Il repose sur l'installation de vitres de protection entre le détenu et son visiteur. L'État hébreu tente de l'imposer à Ashekelon. Les prisonniers palestiniens n'en veulent pas. Il les priverait de tout contact humain, au cours des visites que les familles effectuent deux fois par mois.

Cette promiscuité permet aussi de faire passer des messages avec le monde extérieur. Les détenus ont appris à écrire des textes sur un morceau de papier qu'ils transforment en boulette enroulée de scotch ; elle sera transmise ensuite pendant une poignée de main ou en embrassant un proche qui l'avalera avant de l'évacuer[1]. Grâce à cette ruse, des responsables intégristes ont pu faire passer des consignes aux activistes sur le terrain.

Le projet de parloir va réveiller les frustrations de toutes sortes. Les prisonniers Fatah d'Hadarim déclenchent une grève de la faim qui s'étendra aux autres pénitentiaires. Elle sera une des

1. Entretien avec un ancien prisonnier, 15 décembre 2001, à Naplouse.

plus dures conduites depuis le lancement du processus de paix en 1994[1].

Les doléances des détenus sont clairement dirigées contre le pouvoir palestinien, accusé de les avoir abandonnés, malgré les visites du ministre en charge du dossier, Hisham Abdel Razek, et l'indemnité que l'Autorité leur verse régulièrement. Au-delà du différend lié à ces parloirs, la grève est le moyen d'exercer une pression sur la direction palestinienne, au moment où des négociations cruciales s'engagent avec Israël.

Devant les locaux du Comité international de la Croix-Rouge à Gaza, des tentes de protestation sont dressées par les familles. La foule s'y presse régulièrement. Les médias palestiniens restent silencieux. L'Autorité est embarrassée. Elle redoute que la colère ne fasse tache d'huile. Après un black-out initial, Yasser Arafat va finalement visiter une de ces tentes. Il donne ainsi sa bénédiction à la révolte des prisonniers, et à ses prolongements dans la rue en Cisjordanie et à Gaza.

La grève de la faim alimentera les émeutes qui éclateront à la mi-mai, lors de la Nakba, date anniversaire de la catastrophe qu'a représentée pour les Palestiniens la création de l'État hébreu, le 14 mai 1948. Chaque année, à cette occasion, des manifestations sont organisées dans les

1. Les prisonniers auront finalement gain de cause.

territoires, généralement émaillées d'incidents mineurs. Mais cette Nakba 2000 restera marquée d'une pierre noire. Signe prémonitoire, la rue l'intitule « l'Intifada des prisonniers ».

Les affrontements durent six jours. Six Palestiniens sont tués par l'armée israélienne, et un millier blessés. Quarante soldats de Tsahal sont légèrement atteints. Les médias découvrent alors les Tanzim. Aux côtés de la Shabiba, le mouvement de jeunesse, ces groupes armés liés au Fatah, tombés en désuétude depuis Oslo, y ont joué — déjà — un rôle prédominant.

Le 14 mai au soir, avant le déclenchement des violences, Arafat déclare à des proches de Barak qu'il entend laisser la rue manifester sa colère, mais il s'engage à prévenir toute escalade[1]. Ses policiers ont reçu ordre de ne pas tirer contre Tsahal. Certains, pris dans l'engrenage, n'obéiront pas. Le lendemain, sur instructions du chef de l'OLP, la direction du Fatah se réunit à Ramallah et décide de maintenir le calme.

La Shabiba écarte sans cérémonie l'appel à la modération. Les jeunes fatahoui tiennent à montrer à leurs rivaux du Hamas que ces derniers n'ont pas le monopole de l'expression des frustrations face à l'intransigeance israélienne. Au rond-point d'Ayosh, à la sortie nord de Ramallah qui devien-

1. *Haaretz*, 16 mai 2000.

dra célèbre quelques mois plus tard, les Tanzim, pour la première fois depuis 1996, font usage de leurs pistolets contre les soldats israéliens.

Pendant les affrontements, Ehoud Barak refuse de parler à Arafat. « Je fais de mon mieux », rétorque ce dernier lorsque Ami Ayalon, le chef du Shin Beth, l'enjoint au téléphone de ramener le calme. Le Premier ministre israélien, lui aussi, est pris entre le marteau et l'enclume. Barak se débat pour préserver sa coalition hétéroclite. Opposé au Meretz d'extrême gauche, le parti Shass, des religieux séfarades ultra-orthodoxes, exige de nouvelles élections. À 20 heures, lorsque les violences se sont tues à Ramallah, Barak parvient à faire entériner par la Knesset le passage sous contrôle palestinien d'Abou Dis, un faubourg arabe de Jérusalem-Est. Un quart d'heure après, il téléphone à Arafat : « De telles choses ne peuvent plus se reproduire. Je retarde le passage d'Abou Dis aux Palestiniens, jusqu'à ce que nous clairifions ce qui s'est passé. » Le Premier ministre, fier de sa manœuvre, est convaincu que sa fermeté face à Arafat sera payante [1].

Le lendemain, les émeutes ne s'apaisent pas. Pour la première fois, Barak menace de bombarder avec des hélicoptères Cobra le Q.G. d'Arafat à Ramallah, si les tirs contre le quartier général

1. Yédiot, Aharonot, 19 mai 2000.

du général Shlomo Oren à Beitil ne cessent pas immédiatement. Les frappes seront évitées, après une intervention conjointe des Américains et des Égyptiens.

Les policiers d'Arafat mettent trois jours à ramener un calme complet. Entre-temps, le 20 mai, Barak a suspendu les négociations secrètes de Stockholm[1]. On ne négocie pas sous la violence, tonne le Premier ministre. Une exigence que reprendra Ariel Sharon pendant l'Intifada. Les pourparlers sont interrompus. Barak fera la même chose huit mois plus tard à Taba, alors que les pourparlers auront, là encore, bien avancé.

L'Intifada des prisonniers palestiniens montre que les activistes jouissent d'une certaine indépendance d'action, y compris contre le souhait de l'Autorité. Dans l'esprit de beaucoup de jeunes issus du Fatah germe l'idée que seule la résistance peut peser sur les négociations avec l'État hébreu. Attisé par la répression menée par les hélicoptères israéliens contre des manifestants réunis devant la colonie de Kfar Darom dans la bande de Gaza, ce ferment de violence constitue une répétition générale des scènes d'Intifada qui éclateront à

1. Abou Alaa, président du Conseil législatif palestinien, et Shlomo Ben Ami, ministre de la Sécurité intérieure, négocient en secret la poursuite du processus de paix.

partir de septembre. Politiquement, les heurts de la Nakba laissent des traces. En Israël, la gauche pacifiste commence à douter d'Arafat.

L'état de grâce que les Palestiniens ont accordé à Barak un an après son élection touche à sa fin. En coulisses, les Américains s'interrogent. Entre Barak et Arafat le fossé de méfiance se creuse. Israël exigera ensuite le désarmement des Tanzim. Arafat fera arrêter deux membres de l'Autorité, et fermer deux stations de radio qui rouvriront ensuite. Deux mois après, sur les collines d'al-Tira, non loin du carrefour d'Ayosh, des membres des Tanzim suivront des stages de formation militaire au cas où...

« Aujourd'hui le Liban, demain la Palestine »

La peur au ventre, les miliciens libanais pro-israéliens abandonnent leur poste de Taybe, au matin du 21 mai 2000. Face à l'avance des combattants chiites du Hezbollah, la déroute de l'Armée du Liban-Sud (Als, milice supplétive de l'État hébreu) brusquement s'accélère. En moins de trois jours, la « marche verte » du Parti de Dieu sonne le glas de vingt-quatre années de présence militaire israélienne au Liban. Le retrait s'effectue en bon ordre. Tsahal ne subit pas la moindre perte. Comme si l'État hébreu et le Hezbollah avaient noué un *gentleman agreement* sur le dos de l'Als[1].

Face au harcèlement quotidien des combattants chiites appuyés militairement par l'Iran et soutenus politiquement par la Syrie, Barak a tenu parole. Ses hommes quittent le bourbier libanais, un an après son élection au poste de Premier ministre. Ce n'est pas le départ honteux des Américains de Saigon, mais pour le Hezbollah la victoire est éclatante. Tout est affaire de symbole.

Dans leur fuite éperdue vers les points de passage avec l'État hébreu, certains miliciens pro-israéliens n'auront même pas le temps de repasser chez eux emporter des effets personnels. Tsahal leur a coupé l'approvisionnement en munitions quelques heures auparavant[2]. Seuls les moukhabarats, la police secrète de l'Als, rattachés au Shin Beth, ont été prévenus. Des membres de l'unité 504, qui espionnaient au-delà de la zone occupée par l'État hébreu au Liban, avaient disposé également du temps nécessaire pour pénétrer dans la portion encore sous contrôle israélien, avant de trouver refuge de l'autre côté de la frontière, où

1. Entretien avec un responsable militaire de la Finul à Naqoura, le 27 mai 2000.

2. Entretien avec un membre de l'ex-Als à Naharya (nord d'Israël), le 22 juin 2000.

certains continuent d'opérer, repliés dans leurs maisons de Naharya.

Depuis des semaines, Israël n'a plus confiance en ses mercenaires, dirigés par le général Antoine Lahad, 72 ans, ancien de l'armée libanaise, formé à l'école de Guerre à Paris du temps du mandat français au Levant. Est-ce un hasard du calendrier ? Le vieux général à la voix cassée est sur les bords de Seine lorsque sa milice se débande. Pendant des décennies, le Sud-Liban a été une zone de non-droit, paradis de tous les trafics. Lahad s'est enrichi en prélevant une dîme sur l'approvisionnement en essence à partir d'Israël. Après une tentative d'assassinat en 1988 visant sa jeune épouse, Minerve, il a placé sa protégée à Paris avec ses deux enfants dans l'appartement de cent mètres carrés qu'il a acquis au début des années 1990, face à la tour Eiffel[1]. Le 23 mai, alors que ses hommes fuient leurs villages, furieux d'avoir été mis devant le fait accompli par Barak, Lahad rentre d'urgence à Tel-Aviv. Sa maison en pierres ocre sur les hauteurs de Marjayoun n'est pas encore entre les mains de la résistance. Il se rend à son Q.G., secrètement escorté par l'armée israélienne. Il tient à récupérer des archives pour écrire ses Mémoires. Quand il arrive à Mar-

1. Entretien avec l'auteur à Tel-Aviv, le 27 septembre 2001.

jayoun, celles-ci ont mystérieusement disparu... Sous un faux nom, l'ex-mercenaire coule aujourd'hui une retraite forcée dans un grand hôtel de Tel-Aviv, à la charge du contribuable israélien. La France ne l'a pas autorisé à rejoindre sa famille sur les bords de la Seine.

Aux quatre coins du monde arabe, le retrait israélien du Sud-Liban est salué comme un triomphe de la guérilla du Hezbollah. Pour la première fois, l'armée la plus puissante du Proche-Orient quitte un territoire qu'elle occupe illégalement sous la pression de la résistance. Confusément, la rue arabe, humiliée par les défaites de 1967 et 1973, s'exalte au choc des images de Tsahal battant en retraite.

En Cisjordanie et à Gaza, le même jour, le Hamas distribue un communiqué au titre prometteur : « Aujourd'hui le Liban, demain la Palestine. » Le pamphlet dénonce : « Arafat serviteur de l'occupant, ta police arrête des activistes islamistes. » À Ramallah, Naplouse, Hébron, la lutte héroïque du Hezbollah est vue comme un modèle à suivre. Dans les jours qui suivent, dans les amphithéâtres, sheikh Hassan Nasrallah, le charismatique leader du parti de Dieu, dialogue en duplex avec les étudiants. L'audience dépasse largement le cercle des sympathisants islamistes.

Contraint, Arafat exprime son « admiration » devant le combat intégriste. Pourtant, il sait que le précédent est embarrassant. Le retrait ponctue dix jours de violences anti-israéliennes. Il redoute que l'exemple libanais n'ait un effet électrisant et perturbe le canal secret des négociations de Stockholm. Ses services de sécurité demandent alors à Tsahal de ne plus autoriser l'entrée des citoyens israéliens dans les territoires autonomes, de peur de ne plus pouvoir assurer leur protection.

Sentant que la campagne de communication lui échappe, l'Autorité envoie Yasser Abed Rabbo, chargé de l'information, prêcher la modération auprès de la jeunesse. D'après lui, l'armée israélienne ne s'est pas retirée sous la pression militaire du Hezbollah, mais pour contraindre la Syrie, qui contrôle le Liban, à reprendre les négociations avec Tel-Aviv. Ce discours est frappé au coin du bon sens, mais il ne convainc pas les audiences clairsemées, toutes revenues des promesses.

Quelques jours après, devant la ministre israélienne des Communications Dalia Itzik, Arafat confesse son trouble : « Vous devez comprendre que la rue exerce des pressions sur moi. Ma situation n'est pas facile. Mon peuple voit le Hezbollah comme des héros. Il pense que c'est aussi par la lutte que nous devons agir[1]. »

1. Yédiot Aharonot, 31 mai 2000.

Au début de l'été 2000, les responsables israéliens sont convaincus que le retrait va durcir la position d'Arafat qui doit tenir compte de l'humeur combative de la rue. Mais la thèse des services de renseignements militaires reste que le chef de l'OLP veut un accord négocié.

Sur le terrain, par un hasard troublant, la première mine à effet dirigé, l'arme favorite du Hezbollah au Sud-Liban, explose au passage d'un convoi militaire dans la bande de Gaza. Nous sommes le 2 juillet, soit quarante jours seulement après le départ de Tsahal du Pays du cèdre. Quelques jours après, la sécurité israélienne arrête un militant du Hamas qui était allé s'entraîner en Iran et dans un camp du Hezbollah au Liban. Pendant l'été, d'autres engins explosifs seront découverts. Ils sont artisanaux, mais leur multiplication est inquiétante.

Si tu veux la paix, prépare la guerre

Devant un millier de partisans du Fatah, réunis fin juin à Naplouse, Arafat galvanise l'auditoire en rappelant les hauts faits d'armes accumulés par la résistance palestinienne au cours des trente dernières années. « Personne ne peut nous menacer, ni avec des tanks, ni avec des avions. On a tenu à la bataille de Karameh[1]. On a résisté dans celles de Beyrouth et pendant les sept ans d'Intifada. Nous sommes prêts à recommencer. »

Le « Vieux » en colère paraît hors d'haleine. Barak fuit ses engagements. Il refuse de lui céder Abou Dis et, sur le terrain, l'étau militaire se resserre autour des zones autonomes. « Si les pourparlers de paix avec les Palestiniens échouent, nous pourrions renforcer notre présence dans les territoires », a averti quelques jours auparavant le chef d'état-major israélien, le général Shaul Mofaz.

Barak veut pousser Arafat à davantage de conciliation. Après avoir échoué à convaincre les Syriens de revenir à la table des négociations, il change de pied et impose une date butoir de quelques mois à Arafat pour conclure les pourparlers sur le statut définitif des territoires palestiniens. À cette fin, il tient à un sommet tripartite avec Bill Clinton. Pour le chef de l'OLP, qui en un an n'est pas parvenu à établir le contact avec Barak, les discussions préparatoires n'ont pas permis de combler les divergences et, de toute façon, ce n'est pas en accentuant la pression sur son peuple que ce dernier va crier grâce.

1. Bataille au cours de laquelle les fedayins palestiniens repliés dans ce village jordanien, résistèrent vaillamment face à l'armée israélienne en février 1968.

Au cours de ce drôle d'été, où le monde va croire à la paix entre les deux ennemis, se succéderont mises en garde contre l'éclatement de la violence et réaffirmations de la volonté de négocier pour conjurer un tel scénario.

Simultanément, les jalons de la révolte se sont mis en place, les uns après les autres. La presse[1] et les chancelleries n'y prêtent qu'une faible attention. Les bonnes conditions dans lesquelles s'est effectué le retrait du Sud-Liban[2] et la transition douce qui accompagne la prise de pouvoir de Bashar al-Asad en Syrie à la mort de son père incitent à un certain optimisme que l'échec du sommet de Camp David ne dissipe pas. Combien de fois en effet n'a-t-on pas prédit une explosion de violence depuis que les négociations ont été lancées en 1994 ? Contre les Cassandre, les Palestiniens ont fini par apparaître comme de douces victimes.

En ce début d'été, chaque camp reste pourtant prisonnier de son opinion publique. Dans les son-

1. *Le Monde*, Georges Marion le 10 mai 2000 : Israël et les Palestiniens au bord d'un accord de paix.

2. Le directeur de la Direction générale de la sécurité extérieure, Jean-Claude Cousseran, eut le nez creux : il décida d'envoyer en permanence un de ses agents à Gaza en juin 2000 dans la foulée du départ de Tsahal du Sud-Liban.

dages, Netanyahou (droite) devance Barak : 46 % contre 42 %[1].

L'attention du Premier ministre est focalisée sur le colmatage de sa coalition, et non pas les soucis d'Arafat à contenir la base. Barak empêche ainsi le général Yaacov Orr, coordinateur des activités de Tsahal dans les territoires, de venir briefer le cabinet sur les difficultés d'Arafat face à une opposition grandissante qui pourrait le conduire à suivre la colère de la rue.

Pour calmer l'impatience de celle-ci, le comité central de l'OLP annonce, le 2 juillet, que l'État palestinien sera proclamé le 13 septembre, sept ans jour pour jour après la signature des accords de reconnaissance mutuelle entre Israël et l'OLP. Qui croit encore à une telle menace, maintes fois reportée dans le passé ?

Après s'être fait forcer la main par la secrétaire d'État américaine Madeleine Albright, Arafat accepte finalement de se rendre à Camp David, non sans avoir obtenu l'engagement que Clinton ne ferait porter le chapeau à aucun de ses interlocuteurs, en cas d'échec des pourparlers.

Le 25 juillet, les négociations-marathons capotent. La première tâche de Barak consiste à se garder de ses adversaires et à accuser Arafat d'avoir refusé son « offre généreuse ». Le mythe,

1. Sondage *Maariv*-Gallup, le 7 juillet 2000.

entretenu par l'État hébreu, sur le thème : « J'ai tout donné à Arafat qui a refusé parce qu'il n'accepte pas l'existence de l'État d'Israël » prend forme. Incapable de concevoir une campagne de communication digne de ce nom, l'Autorité autonome mettra un an avant d'y répondre ; et il faudra que Robert Malley, présent à Camp David pour le compte de l'administration Clinton, et trois membres de la délégation israélienne — Odeh Eran, Amnon Lipkin Shahak et Ami Ayalon — le réfutent pour que le monde entier se voie offrir une version plus réaliste des raisons de cet échec [1].

À peine rentré à Jérusalem, Barak jure que la confrontation est désormais inéluctable. Arafat, lui, est accueilli en héros par son peuple. Pour une fois, il n'a pas cédé aux exigences israélo-américaines. Une victoire à la Pyrrhus : le soutien à la lutte armée est désormais majoritaire chez les siens (52 %). Arafat doit naviguer au plus serré.

Malgré les accusations réciproques, sur le terrain, la coopération sécuritaire continue de bien fonctionner et le dialogue se poursuit au sommet. Camp David a permis d'enregistrer des avancées que chacun veut consolider. Barak a rompu le

1. Voir à ce sujet l'article de Robert Malley et Hussein Agha dans *The New York Review of Books* : the tragedy of errors, 9 août 2001.

tabou sur l'indivisibilité de Jérusalem. Il y a encore du grain à moudre.

Le 31 juillet, à Jéricho, l'ensemble des services de sécurité palestiniens est invité par Saeb Erakat. La rencontre est inhabituelle. Négociateur, Erakat n'est pas lié à l'appareil policier. Le message est simple : « Camp David a échoué, mais il faut préserver les acquis. Les négociations continuent, et les chances d'aboutir sont réelles. » Erakat en arrive au point central : « Au cours des semaines à venir, vous devez prévenir les frictions qui pourraient conduire à une confrontation violente. Faites passer le message à vos subordonnés. Je ne veux pas entendre une condamnation de Camp David dans les prêches des mosquées. » Policiers et hommes du renseignement comprennent que la consigne vient d'Arafat. Une preuve a posteriori que le chef de l'OLP n'a pas provoqué l'Intifada.

Au même moment, Abdel Razek al Majaideh, le chef des forces de la sécurité nationale palestinienne dans la bande de Gaza, invite les attachés militaires français, anglais et des représentants de l'ambassade américaine à venir constater les renforcements militaires israéliens dans l'enclave autonome.

Depuis quelques semaines, l'armée distribue des armes aux colons et fortifie leurs implantations, en particulier celles, une trentaine, qui sont les plus isolées au milieu des populations arabes. En prévision d'une déclaration d'indépendance palestinienne, Tsahal a forgé un plan secret nommé « Terrain d'épines », visant à réoccuper des larges portions des territoires palestiniens, et à évacuer des colonies « indéfendables ». Des bataillons spéciaux sont établis en Cisjordanie et à Gaza. Des moyens de combat particuliers sont développés et l'accent est mis sur l'entraînement des *snipers* et l'intégration des tanks et des hélicoptères dans les attaques. Les forces régulières et les réservistes suivent les cours du commandement central. Objectif : s'habituer à la nouvelle doctrine de combat, définie par le général Moshe Ya'alon, chef d'état-major adjoint, proche de la droite et des colons de la Samarie[1]. De leur côté, les Palestiniens commencent à instruire des jeunes au maniement des armes. Israël les accuse aussi d'acheter de l'équipement militaire auprès des pays arabes voisins.

Dès le mois de juin, avant le sommet de Camp David, le chroniqueur militaire du quotidien indépendant *Haaretz*, Amos Harel, campait le décor. « Répondre à l'entrée des policiers palestiniens en zone B (encore sous contrôle sécuritaire israélien). Comment arrêter une marche sur une colonie ? L'aptitude de l'armée à faire face à une

1. Il sera nommé chef d'état-major en juillet 2002.

guerre limitée dans les territoires doit se concentrer autour d'une date : septembre et la proclamation de l'indépendance palestinienne[1]. »

Le 28 septembre, lorsque les émeutes éclatent à Jérusalem, il ne faut pas plus de quelques heures pour que les unités désignées soient déployées sur le terrain, pour protéger les colonies, stopper les manifestations, occuper les principaux axes et commencer à boucler les agglomérations palestiniennes[2].

Inexorablement, l'été 2000 prend la pente douce de l'affrontement. Dans l'indifférence quasi générale, chaque camp joue sur un double tableau. Israël se prépare à réprimer la violence qui pourrait surgir après l'échec des négociations. Barak, qui a voulu passer en force, pense avoir trouvé dans cet accès de rage, la parade pour « démasquer » Arafat. De son côté, l'Autorité palestinienne, incapable de garantir à son peuple la fin de l'occupation conformément aux accords d'Oslo, ne peut l'empêcher d'exprimer une colère jusque-là refoulée. Personne n'a prévu que la rue, habituée à ravaler sa rancœur, finirait par en avoir assez. Pas même Arafat qui, faute de mieux, surfera sur la vague de ras-le-bol.

---

1. *Haaretz*, 23 juin 2000.
2. *Raids*, hors-série numéro deux, Israël-Palestine, novembre 2000.

II

Une révolte à l'ombre du Fatah

Le Fatah protecteur d'Arafat

À Sharm el Sheikh sur les bords de la mer Rouge, à la mi-octobre 2000, Israéliens et Palestiniens s'ingénient à parvenir à un premier cessez-le-feu, sous l'égide de Clinton, infatigable médiateur du conflit, du secrétaire général de l'ONU, Kofi Annan, et des dirigeants arabes modérés de la région. Autour de la table ovale dressée pour le dîner officiel, Arafat et Barak ont été placés de telle sorte qu'ils ne puissent pas se parler. En coulisses, quelques heures auparavant, Saeb Erakat et Shlomo Ben Ami se sont copieusement invectivés.

Ce dernier est hors de lui. Ministre des Affaires étrangères et de la Sécurité publique, il lutte pour empêcher la création d'une commission d'enquête internationale sur le déclenchement des violences, qui établirait l'usage excessif de la force par Israël, et mettrait en lumière sa responsabilité directe.

L'Intifada est entrée dans sa troisième semaine. L'horreur du lynchage de deux soldats israéliens à Ramallah par une foule en furie a fait écho à la tragédie de la mort du petit Mohamed al-Dura quelques jours auparavant à Gaza. La révolte appartient déjà à la rue. La contenir paraît voué à l'échec.

Pendant le sommet, le téléphone de Marwan Barghouti à Ramallah sonne à plusieurs reprises. Les proches d'Arafat sollicitent l'intervention du chef du Fatah pour la Cisjordanie, l'instigateur de la révolte selon les dirigeants israéliens. « Ramène le calme chez les manifestants, s'il te plaît. C'est Clinton qui le demande », lui enjoignent successivement Saeb Erakat et Nabil Shaat, les ministres des Affaires locales et de la Coopération internationale. La réponse de Barghouti sonne comme une fin de non-recevoir. « Clinton ou un autre, cela m'est égal. Si les Israéliens stoppent leurs actions répressives contre les Palestiniens, d'accord, on arrête les manifestations, sinon, pas question de se soumettre ! »

On commence à s'enfoncer dans l'impasse : quelques semaines après avoir partagé un dîner chez le Premier ministre israélien, la confiance a totalement disparu entre Barak et Arafat. Personne ne veut faire le premier pas pour reprendre le dialogue.

Quinze mois plus tard, le téléphone de Barghouti fonctionne encore, mais cette fois à son initiative, et pour réduire la tension. Après l'appel d'Arafat pour l'arrêt des opérations armées contre des objectifs israéliens à l'intérieur de l'État hébreu le 16 décembre 2001, Barghouti joue un rôle modérateur, en contactant à plusieurs reprises les chefs des mouvements islamistes basés en Syrie, Ramadan Shallah pour le Jihad et Khaled Meshal pour le Hamas, ainsi que les plus rebelles des responsables locaux des brigades al-Aqsa, les groupuscules armés liés théoriquement au Fatah. À Gaza, d'autres responsables du mouvement d'Arafat au sein de l'OLP, Ahmed Helles et Sami Abou Samhadana, s'emploient eux aussi à convaincre les responsables intégristes de donner une chance à la trêve, réclamée par Israël et la Communauté internationale.

Entre ces deux séquences, le Fatah, la principale composante au sein de l'Organisation de libération de la Palestine, fondé par Arafat en 1959, est resté fidèle à une même mission : « Être le protecteur de l'Autorité palestinienne face aux islamistes, et être le protecteur des islamistes face à l'Autorité », selon l'expression de Barghouti. « Si les islamistes veulent attaquer l'Autorité, nous les en empêcherons. En même temps, si la direction palestinienne veut lutter contre les intégristes, on s'y opposera. Nous devons garder notre unité dans le combat jusqu'à l'établissement de notre État. A ce moment-là, tous les partis politiques participeront aux élections et devront accepter le verdict des urnes[1]. »

Ce n'est pas la première fois que le Fatah s'offre en bouclier d'Arafat. En novembre 1994, déjà, ses hommes montèrent au créneau face aux « barbus », au lendemain des heurts meurtriers qui opposèrent à Gaza policiers d'Arafat et militants fondamentalistes.

Dès les premières semaines de la révolte, l'idée est d'amener les islamistes sous l'aile du Fatah. Les comités de résistance populaire dans lesquels sont rassemblées toutes les factions sont créés à cette fin. En jouant ce rôle tampon, le Fatah restera au centre du débat tout au long de l'Intifada. Ce ne sera pas toujours facile, compte tenu de la structure éclatée du mouvement, mais sa prédominance permettra d'éviter les débordements par les factions rivales, les islamistes en particulier. Il donne à Arafat un instrument pour tenir à distance la révolte, sans trop exposer l'Autorité palestinienne. Au fur et à mesure que sa branche

1. Entretien avec l'auteur, le 15 novembre 2001 à Ramallah.

armée imprimera sa marque sur la résistance, le Fatah redeviendra le mouvement de libération nationale qu'il a été entre sa création et le démarrage du processus de paix en 1994. Aujourd'hui que les structures pré-étatiques palestiniennes sont exsangues, ce sont souvent celles du Fatah qui se substituent à celles-ci dans les villes de Cisjordanie et de Gaza.

Focalisés sur la gestion de la crise et la reprise des pourparlers avec Israël, la plupart des ministres sont en fait de « faux ministres ». Les vrais gestionnaires sont souvent les vice-ministres, en très grande majorité des cadres du Fatah.

Parti du président, le Fatah a été le pilier des accords entre Israéliens et Palestiniens de 1993 à 2000. Pas une seule attaque n'a été revendiquée par le mouvement au cours de cette période, malgré les nombreux blocages du processus de paix. Israël a besoin d'un Fatah puissant. Sans le soutien du parti d'Arafat, le projet de réconciliation s'effondre.

Le parti dispose d'un bureau dans pratiquement chaque village palestinien. Il peut mobiliser pour ou contre tel ou tel sujet d'engagement (colonies, libération des prisonniers, etc.). Au début de l'an 2000, c'est de loin la première formation politique dans les territoires palestiniens : 37,1 % de la population s'identifie au Fatah, contre 9 % au Hamas.

Le Fatah est à l'image d'Arafat : il tire sa force de son absence d'idéologie et de sa capacité à épouser les situations. Son programme peut se décliner autour d'un slogan simple : le peuple palestinien est uni et attaché à sa terre. Il lutte pour un État indépendant et souverain.

Sur le papier, le parti attrape-tout dispose d'une impressionnante armature institutionnelle : un Congrès général, un Conseil révolutionnaire et un Comité central. Des institutions, en fait, vétustes sur lesquelles Arafat garde la haute main par un biais ou par un autre, fût-ce au prix d'un appauvrissement du débat. La dernière réunion des 1 200 membres du Congrès général s'est tenue en 1989, alors que, selon les statuts du mouvement, l'instance suprême doit siéger tous les cinq ans.

L'autre organe qui compte est le Haut Comité, dont le secrétaire général pour la Cisjordanie est Barghouti. Il représente la base du mouvement, dont une fraction importante participa à la première Intifada avant d'être exclue des institutions au profit des « Tunisiens », revenus avec Arafat lors de l'installation du régime d'autonomie en 1994.

Au cours des années qui suivront, Arafat rognera les ailes du Haut Comité, afin de préserver les prérogatives des « anciens loyaux », notamment au sein du Conseil révolutionnaire, sur lequel il renforça son emprise en nommant des proches.

Les laissés-pour-compte de la première Intifada jouent un rôle déterminant dans le déclenchement de la seconde révolte. Barghouti est avec les sans-culottes sur l'Esplanade des mosquées, le 29 septembre 2000, lorsque la police israélienne réprime sévèrement les manifestations, au lendemain de la visite d'Ariel Sharon, et tue sept Palestiniens.

La base, qui ne croit plus en la paix, interprète ce durcissement comme une nouvelle preuve du refus d'Israël d'envisager d'autres réponses que la force à l'aspiration à la liberté. Elle en conclut que négocier devient inutile. Dans les jours qui suivent, les responsables des services de renseignements palestiniens font savoir à leurs contacts occidentaux que la bataille qui s'amorce est « une lutte d'indépendance qui durera aussi longtemps que les négociations de paix ne se seront pas fixé comme objectif la naissance à très court terme d'un état et la fin de l'occupation [1] ».

Ce qu'ils n'avaient pas vu en revanche, c'est que l'Intifada serait si longue. Personne, à l'époque, au sein de la direction palestinienne n'est capable de dire où va les mener l'Intifada.

Arafat n'a prévu à cette date-là ni son déclen-

---

1. *Ouest-France*, le 3 octobre 2000.

chement, ni l'ampleur de la colère qui va s'emparer des territoires. Il n'a ni organisé, ni orchestré la révolte afin d'accroître sa popularité et contraindre Israël à assouplir ses positions comme l'en accuse l'État hébreu. Cette seconde Intifada n'est pas non plus une éruption de colère spontanée d'une jeunesse piquée au vif par le comportement de Sharon. L'universitaire palestinien Khalil Shikaki propose une troisième explication, plus vraisemblable : l'Intifada est la réponse d'une jeune garde à l'intérieur du mouvement national palestinien, non seulement à l'échec du processus de paix et à la visite de Sharon, mais aussi à l'incapacité de la vieille garde de l'OLP d'arracher une indépendance et de gérer dans la transparence les affaires publiques [1].

Pour Arafat, le danger serait que cette fronde se retourne contre lui. Sentant le courroux de la base monter durant le sommet de Camp David, il a flanqué Barghouti d'un des siens, Hussein al-Sheikh, en le nommant numéro 2 du Fatah pour la Cisjordanie. Arafat, fidèle à son habitude, voulait maintenir deux fers au feu : préserver le favori de la rue, en cas d'échec des négociations, ou promouvoir un ancien responsable de la sécurité pour faire avaliser par la base l'accord historique. Jouant d'une ambiguïté constructive qu'il a instil-

1. *Foreign Affairs*, janvier-février 2002.

lée pour consolider son pouvoir, il détourne dans un premier temps la grogne contre l'occupant avant d'instrumentaliser le Fatah à cette fin.

La sévérité de la réaction israélienne au cours des premières semaines de l'Intifada l'aidera à retourner les cartes en sa faveur. Face aux dizaines de lanceurs de pierres tués en octobre, l'ennemi n'est plus Oslo, mais Barak et Israël. Mais, autour d'Arafat, l'unanimité n'existe pas, ni sur les fruits que la révolte doit rapporter aux Palestiniens, ni sur les moyens pour la conduire. Tout le monde se retrouve autour d'un dénominateur commun, bien léger : l'Intifada doit permettre d'améliorer les positions palestiniennes dans les négociations avec Israël. « Pour certains ministres, explique Mohamed Shtayyé, directeur du Pecdar[1] et proche du pouvoir, l'Intifada ne devait pas durer longtemps et elle devait rester populaire car les Palestiniens n'ont pas les moyens d'affronter Israël. Certains prétendaient rassembler et réunifier ainsi le peuple. D'autres voulaient une escalade et transformer le soulèvement en lutte armée pour en finir avec l'occupation. La direction n'avait pas de vision commune, parce que personne ne savait combien de temps l'Intifada allait durer. »

1. Conseil économique palestinien pour la reconstruction et le développement.

Arafat adopte la politique du laisser-faire. Pour masquer la cacophonie des opinions autour de lui, il se mure dans le silence pendant de longs mois. La priorité est d'enrayer les débordements. La révolte doit donc être organisée. Les institutions de l'Autorité palestinienne ne peuvent être mises en avant, ni même les forces de sécurité : la poursuite du dialogue avec Israël pour trouver une issue à la crise doit être en effet maintenue. Le rôle d'appoint est dévolu au Fatah. Il fournit les hommes et finance les organisations armées qui lui sont liées par le biais d'un budget d'urgence.

En Cisjordanie, la tâche incombe au Tanzim et aux brigades al-Aqsa. Le 9 octobre 2001, ces milices armées du Fatah sont formées « pour défendre les territoires autonomes, contre Israël et les terroristes colons ». Elles opèrent sous les ordres du Fatah, assure Barghouti. « Elles assisteront les forces nationales de sécurité dans la défense de leurs territoires autonomes, au cas où Barak déciderait de les attaquer. »

À Gaza, les membres du Fatah ayant été intégrés dans les institutions palestiniennes, il revient au service de la Sécurité préventive du colonel Mohamed Dahlan d'alimenter les bataillons d'activistes, aux côtés des factions islamistes ou des groupuscules de la gauche nationaliste. Les hommes de Dahlan disposent des compétences et de la formation requises. Brigades al-

Aqsa et Sécurité préventive constitueront la seconde armée d'Arafat. On prétendit qu'ils étaient autonomes pour maintenir l'Autorité hors du champ de bataille mais, à la longue, le rideau de fumée se dissipera. Le calcul n'était pas dépourvu de sens : il devait permettre d'avoir à sa disposition une « résistance contrôlée ».

Mais pour être efficace encore fallait-il que cette tactique fût servie par une stratégie claire. En invitant le Hamas et le Jihad à participer à la révolte, l'Autorité a commis l'erreur de ne dessiner ni les buts ni les moyens du combat.

Le Hamas a perpétré des attentats qui finirent par dépouiller Arafat, tandis que les activistes liés au Fatah se sont concentrés dans un premier temps sur les colons et les soldats, avant d'être absorbés dans l'engrenage des attentats contre des civils en Israël.

Arafat a tenté d'instrumenter la violence afin d'en retirer des gains politiques. Il a alterné efforts pour la maintenir à un niveau acceptable et relâchement de la pression sur les activistes. Le Fatah, et encore moins le Hamas, ne constituent une armée à sa botte. La chaîne de commandement n'est pas parfaite, il y a des dysfonctionnements et, au bout d'un an et demi, les gains politiques sont quasi inexistants.

Le Tanzim chrétien de Beit Sahour

Sur les flancs du désert de Judée, Beit Sahour est l'une des dernières villes palestiniennes encore à majorité chrétienne. Jouxtant Bethléem, la Cité des bergers, où le message de Noël fut délivré aux anges, compte 12 000 chrétiens et 2 000 musulmans, vivant en assez bonne intelligence. Ici, on est d'abord palestinien avant d'être chrétien, et, jusqu'à l'Intifada, ses habitants avaient su résister aux sirènes de l'émigration vers des cieux plus cléments. La région fait face à deux colonies israéliennes de la périphérie sud de Jérusalem, Gilo et Har Oma, construites sur des terres arabes expropriées. Gilo a été l'un des principaux abcès de fixation de la révolte, l'État hébreu considérant tout tir contre l'implantation, à partir de Beit Jala qui lui fait face, comme une attaque contre sa « capitale éternelle et réunifiée [1] ». « Je ne sais pas quoi faire avec Beit Jala. Beit Jala, Beit Jala, tous les jours on me parle des problèmes là-bas, soupirait Arafat au printemps 2001 devant un de ses interlocuteurs. Les Israéliens veulent détruire Beit Jala. Les Américains et les Euro-

1. La communauté internationale ne reconnaît pas Jérusalem comme capitale d'Israël.

péens pensent que nous sommes responsables de la catastrophe. »

La région de Bethléem constitue un terrain approprié pour examiner l'organisation du soulèvement par les groupes armés liés au Fatah, les tentatives de contrôle de ceux-ci par l'Autorité palestinienne et les dérives socio-culturelles qui ont pu naître dans un contexte de « chaos maîtrisé ».

Pendant la première Intifada, à la fin des années 1980, les Beit Sahouri se sont distingués en refusant de payer leurs impôts à la puissance occupante, un appel à la désobéissance civile qui rehaussa l'image combative des chrétiens à l'égard de la majorité musulmane des territoires palestiniens. Dès le début de la seconde révolte, ils ont tenu à prendre leur part au soulèvement, même s'il était mené au nom de la défense de la mosquée sacrée al-Aqsa à Jérusalem.

Youssef, issu d'une famille très respectée à Beit Sahour, va structurer la résistance, au nom du Fatah. « Nous sommes allés voir Yasser Arafat en décembre 2000. Nous lui avons dit que nous étions prêts à participer à l'Intifada. Nous avions besoin de fonds. Il nous a donné de l'argent. Il a confiance en nous. Il nous connaissait. En signant un chèque, il savait qu'on respecterait les ordres. On avait besoin d'armes. Elles ne sont pas venues de l'Autorité palestinienne. On a utilisé nos propres canaux, c'est-à-dire des trafiquants israéliens. Nous avons acheté seulement huit fusils d'assaut *M 16*. Chacun coûtait 4 000 dinars pièce (6 000 euros). Nous n'avions pas suffisamment d'argent pour en acheter davantage. Nous sommes seulement une trentaine dans notre Tanzim. On s'est surtout procuré des pistolets. Nous avons eu pas mal de difficultés. Mais pas pour trouver des vendeurs. La semaine dernière encore, un de mes contacts m'a appelé pour me dire qu'il avait de très bonnes armes. Il voulait me donner rendez-vous en zone C (en territoire palestinien mais sous le contrôle sécuritaire israélien). Je n'y suis pas allé, c'est trop dangereux. Ça pouvait être un piège. Non, les difficultés provenaient des autres groupes armés qui ont fait monter les prix. »

Une caractéristique majeure différencie la seconde Intifada de la première. Elle est conduite sans commandement unifié, presque au jour le jour, avec une prise d'initiative souvent locale. En créant son propre Tanzim, Beit Sahour s'est donné les moyens de mieux contrôler la résistance sur sa circonscription. Au-delà, il s'agissait de marquer son territoire par rapport aux autres groupes armés. Beit Jala, elle, s'est abstenu d'établir sa propre structure de résistance, ce qui a facilité l'action des combattants des camps de réfugiés voisins, au grand dam des habitants qui seront victimes de représailles massives de la part de l'armée israélienne.

Dans la région de Bethléem, outre le Hamas, le Jihad et les petites formations nationalistes, toutes relativement peu puissantes, la résistance liée au Fatah est constituée de cinq groupes armés : ceux des camps de réfugiés de Deheishé et d'Aida (Bethléem), ceux des villages d'al-Doha et de Beit Sahour, et le Tanzim issu du clan Abayyat, une tribu bédouine sédentarisée aux portes du désert de Judée.

Chacun est officiellement sous le contrôle de Kamal Hmeid, le leader local du Fatah. Un député, issu du clan bédouin, Salah Taamari, peut aussi avoir une influence politique sur les groupes armés qui lui sont proches. La direction locale peut donner l'ordre de ne pas tirer sur Gilo ou de réduire les attaques contre les soldats et les colons. Mais son contrôle sur les activistes n'est ni total, ni surtout durable, sans perspective politique offerte à la résistance.

La marge de manœuvre du leadership est réduite à chaque offensive militaire israélienne d'envergure ou ciblée contre tel ou tel responsable, l'émotion prenant alors le dessus sur la raison.

Fort d'une centaine d'hommes armés de *M 16* et de kalachnikovs, le Tanzim issu du clan Abayyat est le plus puissant. Il a organisé les actions anti-israéliennes les plus audacieuses, lui permettant d'engranger ainsi un surcroît de popularité. Impossible de parler de la résistance dans la région de Bethléem sans évoquer ces Bédouins aux semelles de sable, pour qui posséder une arme est aussi naturel qu'avoir une épouse. Le soulèvement les fit sortir de l'ombre. Ils marquent l'aspect clanique, voire familial, des regroupements qui s'opèrent durant cette Intifada, en absence de cap défini au sommet.

Leur leader, Hossein, fut le premier activiste tué le 8 novembre 2000 dans le cadre de la politique d'assassinats ciblés initiée par Barak et renforcée par Sharon. Il était connu pour ses liens avec les trafiquants israéliens. À un ami, ancien compagnon de cellule en Israël, devenu membre d'un service de sécurité à Bethléem, il confia quelque temps avant sa mort : « Si tu veux quelque chose, dis-le-moi, je peux tout obtenir d'Israël, des fusils d'assaut, des pistolets, ce que tu veux. » L'ami déclina l'offre, se souvenant de l'injonction de son chef, Jibril Rajoub, qui leur répétait constamment : « N'oubliez jamais que vous travaillez pour votre pays et pour la paix. »

À sa mort, Hossein devint un héros pour la population. Le clan n'eut aucun mal pour recruter de nouveaux membres. Son assassinat marqua le début de la montée en puissance du Tanzim et sa progressive prise de contrôle sécuritaire de

Bethléem. Leader historique, Hossein Abayyat avait les moyens de contrôler la base. Il était le lien avec la direction locale du Fatah. En le tuant, l'État hébreu ne fit que jeter de l'huile sur le feu.

Dans la région de Bethléem, le transfert d'autorité au profit de la résistance fut aisé dans la mesure où le Fatah est puissant. Les groupes armés surent jouer des rivalités entre les services de sécurité pour recevoir un certain appui de ces derniers, mais celui-ci fut limité à cause du rôle prépondérant joué par les différents Tanzim. À l'inverse, la puissance du Fatah permit de faire respecter localement les cessez-le-feu décrétés à partir de l'été 2001, contrairement au nord de la Cisjordanie où le parti d'Arafat est moins bien implanté, et ses adversaires intégristes plus puissants.

Peu à peu, les hommes du clan Abayyat vont contrôler le terrain de manière de plus en plus visible. Les ripostes israéliennes massives, après des attaques, inefficaces d'un point de vue militaire contre Gilo, provoqueront des heurts avec la population, aussi bien à Beit Jala qu'à Beit Sahour. L'Autorité réclama à plusieurs reprises l'arrêt des tirs à partir des zones habitées, mais ses appels restèrent lettre morte. Les groupes armés profitèrent de la faiblesse des représentants d'Arafat. Le gouverneur Mohamed Jabaari passait le plus clair de son temps à Hébron (dont il est originaire), tandis que certains responsables de services de sécurité s'étaient disqualifiés par leur comportement personnel.

La population s'inquiétait de l'absence de pouvoir central mais, bon gré mal gré, elle se tourna vers les groupes armés pour régler les différends. Une fois de plus, les affinités locales ou tribales dominaient. Le recours à la justice rendue par la tribu reprit ses droits. Pour retrouver les voleurs dans une usine de plastic, on appella le clan Abayyat, qui mit la main sur les auteurs de la rapine (30 000 euros) et les livra à la police. La seconde armée d'Arafat, malgré ses manières rustiques, a quelque mérite.

À Beit Sahour, la présence d'un Tanzim permit de limiter les frictions entre les nouveaux maîtres de la région et les habitants. Ici, comme souvent ailleurs, une dérive vers la « gangstérisation » apparut au fil des mois. Dans le tourbillon de la violence, certains activistes ont une fâcheuse tendance à se comporter en caïds. Des hommes d'affaires de Bethléem furent rackettés. À Beit Jala, deux chrétiennes disparurent dans des circonstances troubles. Les guérilleros furent incapables de faire la différence entre un colon et un Israélien de Jérusalem-Ouest qui fut tué de sang-froid au printemps 2002 alors qu'il continuait à venir commercer à Bethléem.

Étant donné leur état de service, les militants

devenaient intouchables. Dans la foulée d'une opération de Tsahal à Beit Sahour durant l'été 2001, deux activistes du clan Abayyat pénétrèrent dans une maison occupée par une femme et se livrèrent à des actes obscènes. La nouvelle fit grand bruit. Les deux hommes furent jetés en prison. Immédiatement après, des membres du clan se massèrent aux abords du pénitencier et exigèrent leur libération.

Indigné par la démission des services de l'Autorité palestinienne, le patriarche latin de Jérusalem, Mgr Michel Sabbah téléphona à Arafat : « La situation est critique dans le secteur de Bethléem. » Un quart d'heure après, Arafat rappela Mgr Sabbah pour lui signaler que les deux jeunes avaient été remis en prison[1].

À la faveur de l'Intifada, les clivages socioculturels entre une population encline à l'occidentalisation des mœurs et une autre plus traditionnelle se sont aggravés. Face aux menaces de fissures du tissu social, Arafat changea de gouverneur et nomma deux nouveaux responsables des services de sécurité.

Atef Abayyat, 30 ans, avait succédé à Hossein peu après la mort de ce dernier. Il n'était pas soupçonné d'être mêlé à la contrebande et jouis-

1. Entretien avec un proche du patriarche, Beit Sahour, le 13 décembre 2001.

sait d'une assez bonne réputation, même si son emprise sur les activistes était moindre. Le Shin Beth l'accusait d'être responsable de plusieurs attaques meurtrières, en particulier, celle d'une femme colon d'origine française, Sarit Amrani, le 20 septembre 2001. Les services de sécurité palestiniens demandèrent des preuves à leurs homologue israéliens, mais ceux-ci n'en fournirent aucune.

Sur ordre personnel d'Arafat, Atef calma la situation. Dix jours après, lorsque Arafat et Peres convinrent d'un cessez-le-feu à Rafah, les Abayyat étaient prêts à le respecter mais pas le Tanzim voisin d'al-Doha. Cette cacophonie illustre la surenchère à laquelle certains groupes armés se livrent pour dominer la scène locale, avant une redistribution des cartes lors de la sortie de crise.

Les demandes d'arrestation d'activistes comme Abayyat ont été une constante de la politique israélienne tout au long de l'Intifada. Elles furent relayées par les diplomates américains et européens en contact régulier avec Arafat. Sous pression, la police palestinienne convoqua finalement Abayyat. Apprenant la nouvelle de son arrestation, des dizaines de membres du clan convergèrent de nouveau vers la prison. Atef leur demanda de se calmer. Il fut relâché et garda profil bas pendant quelques jours.

Avec l'affaire Abayyat, Arafat grilla une partie de sa crédibilité auprès de la communauté internationale. « À deux reprises, à cette époque, on lui répétait qu'il devait faire un geste, et ce geste c'était une arrestation, raconte un diplomate familier d'Arafat. Il choisit Atef Abayyat. Il nous annonça : j'ai fait arrêter Abayyat. Javier Solana (le responsable de la politique étrangère de l'Union européenne, en visite dans la région) annonça la nouvelle à Sharon. Pas de chance, la veille, Abayyat était apparu libre de ses mouvements sur les écrans de télévisions israéliens. Sharon rit en tapant sur l'épaule de Solana et lui glissa : "Votre plan est un tuyau percé." Une seconde fois, on demanda à Arafat de l'arrêter. Les Israéliens l'ont abattu. On était furieux d'avoir été bernés. Arafat l'a reconnu. Il nous a dit qu'il ne pouvait rien faire sans contrepartie. » Arafat préféra mentir à la communauté internationale plutôt que d'apparaître comme un traître aux yeux de son peuple.

Sauf circonstances exceptionnelles, Abou Ammar, c'est son nom de guerre, donne rarement des ordres tranchés. En cas de revers de fortune, il veut se garder une porte de sortie et pouvoir se décharger de la responsabilité de la faute. Les Palestiniens comprennent ces subtilités qui échappent aux étrangers. « Si les membres des groupes armés réalisent qu'Arafat donne un ordre mais n'est pas sincère, ils n'obéiront pas. S'ils voient qu'il est sincère, ils obéiront dans la grande majorité des cas », résume Ghassan Andoni, universitaire à Beit Sahour.

Malgré cela, l'automne 2001 prouva que les activistes n'étaient pas hors du contrôle de l'Autorité dans le secteur de Bethléem. Le clan Abayyat se soumit aux ordres. Le premier cessez-le-feu allait tenir jusqu'à l'assassinat par Israël, le 27 août 2001, d'Abou Ali Moustapha, le chef du Front populaire de libération de la Palestine. Les activistes ripostèrent sur Gilo, entraînant une incursion de Tsahal, mais le calme revint ensuite, jusqu'à la liquidation par Tsahal d'Atef Abayyat, le 18 octobre, qui souleva la colère des activistes. Malgré l'engrenage de la violence, les hommes de la Sécurité préventive de Jibril Rajoub exercèrent des pressions sur la base, qui accepta de coopérer. Aux points chauds, des patrouilles de policiers prévenaient les tirs par des activistes. À Beit Sahour, des jeunes organisaient des patrouilles nocturnes pour empêcher des francs-tireurs de s'approcher et viser la colonie d'Har Oma. Les Tanzim n'avaient plus le droit de parader dans les rues avec leurs armes.

« On s'est réuni avec les Abayyat à cette époque, explique Fouad Koukaly, le maire de Beit Sahour. On leur a demandé de ne pas coincer Arafat par leurs actions. On a réussi à les convaincre, mais ça a pris du temps. Ce n'est pas une vraie armée. Et les messages politiques qu'ils reçoivent ne sont pas toujours clairs. En plus, les Israéliens savent mettre de l'huile sur le feu. On a arrêté un Palestinien qui était un collaborateur d'Israël, Hassan Abou Sharia. Il tirait depuis Beit Jala sur Gilo. Les Tanzim ont conclu un marché avec lui. Ils lui ont demandé d'aller voir son agent et de le tuer. Il le fit avant d'être liquidé par l'armée israélienne. Le clan Abayyat, croyez-moi, ce n'est pas un vrai problème pour Arafat. Il peut les contrôler, si les Israéliens lui offrent une contrepartie politique. »

Outre l'argent, un des principaux leviers de contrôle des militants est leur reconversion au sein des forces de sécurité, à l'instar des *shebabs* de la première Intifada qui forment les contingents de certains services. Début octobre, des membres du clan al-Doha rejetèrent les appels au cessez-le-feu décrétés par Arafat. Quarante jours après la mort d'Abayyat, ils allèrent tirer sur Gilo pour marquer la fin du deuil. Arafat leur donna trois options : cesser les attaques, être arrêtés, ou devenir membres des services de renseignements généraux. Ils choisirent la troisième solution[1].

Entre les Tanzim et les forces de sécurité, un

1. Entretien avec un proche du Tanzim d'Al-Doha, Bethléem, le 15 février 2002.

jeu de vases communicant s'opère souvent : en période de calme, les secondes tentent de reprendre le dessus pour maîtriser la situation. Lorsque la pression doit être mise sur Israël, la bride est relâchée et les Tanzim repassent au premier plan. La coordination des agendas n'étant pas parfaite, l'exercice est à double tranchant. La destruction de l' infrastructure des forces de sécurité après l'opération « Mur de protection » lancée en mars 2002 par Sharon risque de faciliter ce jeu dangereux de chaises musicales : les Tanzim radicaux qui ont survécu aux ratissages pourraient être tentés de succéder aux structures officielles de la sécurité palestinienne, aujourd'hui en lambeaux.

La violence assumée

L'assassinat de Raed al-Karmi ne fit pas la une des journaux en Occident. Il constitua pourtant un des principaux tournants de l'Intifada. Le 14 janvier 2002, le leader des brigades al-Aqsa de Toulkarem (Cisjordanie) est liquidé par l'armée israélienne. Après une brève pause, Sharon renoue avec la politique d'assassinats ciblés des activistes palestiniens. Karmi était recherché pour son implication dans de nombreuses actions anti-israéliennes, la plupart dans les territoires occupés, mais aussi à l'intérieur de l'État hébreu. Âgé de 27 ans, il s'était rendu quelques semaines auparavant clandestinement à Naplouse se faire opérer de la cataracte par un jeune médecin espagnol. Le praticien fut stupéfait de la garde rapprochée dont bénéficiait al-Karmi, qui, sur ses gardes, refusa une injection d'antibiotiques...

« Personne en Israël ne verse une larme sur la mort de Raed al-Karmi, écrivait le lendemain Hemi Shalev dans le quotidien *Maariv*. Il avait beaucoup de sang sur les mains. [...] Mais après un mois de calme comme nous n'en avons pas connu depuis le début de l'Intifada, cet assassinat pourrait ne pas être considéré comme un acte d'autodéfense, mais comme une provocation intentionnelle destinée à torpiller le cessez-le-feu. Ariel Sharon aura du mal à convaincre le monde que telle n'est pas la situation qui s'offre à nous désormais, et l'opinion israélienne va peut-être commencer à s'interroger. »

Les services de sécurité redoutent alors que l'assassinat sonne le retour du « terrorisme » à l'intérieur de l'État hébreu et relance la guérilla dans les territoires palestiniens.

Après la trêve décrétée par Arafat le 16 décembre, vingt-quatre jours de calme ont régné entre Israéliens et Palestiniens. Benjamin Ben Eliezer, le ministre de la Défense, le reconnut. L'émissaire des Nations unies au Proche-

Orient, Terje Larsen, déplora de son côté qu'une occasion de relancer le dialogue politique ait été manquée. Invoquant contre toute vérité la persistance de « la terreur », Sharon refuse d'entamer le dialogue, alors qu'aux termes du rapport Mitchell[1], un préalable de sept jours seulement est requis. Impuissante, la communauté internationale ne peut que constater le refus du Premier ministre de sortir de la crise. Sur le champ de bataille comme sur le terrain diplomatique, il dicte son agenda.

Pour la direction palestinienne, l'affaire Karmi est perçue comme une trahison de la plus grande gravité. Elle marque un changement d'approche à l'égard de la violence. Arafat est personnellement intervenu pour que Raed al-Karmi œuvre au respect du cessez-le-feu sur Toulkarem. Le répit des semaines précédant sa mort a prouvé qu'Arafat avait la situation encore bien en main. Des allocations de fonds ont été coupés à certains radicaux, comme Nasser Awass, le responsable des brigades al-Aqsa de Naplouse, qui sera capturé par Tsahal en avril. D'autres activistes ont même été arrêtés. Tant bien que mal, le Fatah

1. Rédigé par l'ancien sénateur américain George Mitchell, le rapport dresse la liste des exigences sécuritaires que les deux camps doivent remplir avant une reprise du dialogue politique. Il n'est jamais entré en application.

avait réussi à accroître son influence sur la base militante.

« Sharon nous a coupé l'herbe sous le pied », confie alors Barghouti à l'un de ses contacts occidentaux, quelques semaines avant d'être lui-même arrêté par une unité d'élite de Tsahal. Karmi était capable de maintenir le calme dans son secteur pendant un certain temps. En le faisant éliminer, Sharon tue une nouvelle fois celui qui pouvait jouer le rôle de frein à la violence. Arafat préférait dialoguer avec lui plutôt que le jeter dans une prison qui devait être bombardée ensuite par l'aviation israélienne.

La réaction est à la hauteur de la déception. En public, les dirigeants palestiniens s'en tiennent dans un premier temps à la discrétion. Mais, en privé, la violence est désormais clairement assumée. Le soir même de l'assassinat de Karmi, le Fatah se réunit à Ramallah, et décide de ne plus se sentir tenu par l'appel au cessez-le-feu d'Arafat, lancé trois semaines auparavant.

Quarante-huit heures après, le 16 janvier au soir, un attentat suicide est revendiqué par les brigades al-Aqsa. Il fait six tués israéliens lors d'une cérémonie familiale de Bar Mitzva à Hadera, dans le centre du pays. C'est la première action-suicide signée de la branche armée du Fatah à l'intérieur d'Israël. Quatre jours après, une autre opération est perpétrée à Jérusalem-Ouest, causant la mort de deux Israéliens, revendiquée là encore par les brigades al-Aqsa, pour venger la mort de Raed al-Karmi. Sans être le commanditaire des violences, Barghouti savait que des attentats allaient être perpétrés à l'intérieur de l'État hébreu. Il y était jusque-là opposé. Mais, il ne fit rien pour les empêcher, comme il le confiera lui-même à un diplomate européen, peu de temps après.

Plus encore que chez leurs rivaux islamistes, la discipline n'est pas garantie au sein du Fatah, mais la base sait capter les messages codés transmis par la direction. Quand, à la suite d'une incursion militaire israélienne, Marwan Barghouti affirme : « S'il n'y a pas de sécurité à Ramallah, il n'y en aura pas à Tel-Aviv », c'est un feu vert implicite à l'adresse des brigades al-Aqsa.

Pour celui que les responsables israéliens considéraient encore comme un modéré au début de l'Intifada [1], ces derniers devaient désormais payer le prix de leurs actes : « Nous avons travaillé dur

---

1. Devant une délégation de parlementaires européens en visite en Israël peu après le déclenchement de l'Intifada, Meir Shetreet, ministre de la Justice, déclarait : « Il me semble impossible de nous entendre avec Arafat. Nous devons trouver des responsables palestiniens modérés avec lesquels entamer un dialogue : Faisal Husseini ou Marwan Barghouti par exemple. »

pour que la base se calme pendant trois semaines, Sharon a répondu en tuant Karmi. »

Au cours des semaines suivantes, les brigades al-Aqsa vont durcir la révolte. Fin janvier la première femme kamikaze commet un attentat dans la rue Jaffa à Jérusalem-Ouest, tuant un Israélien. La logique infernale se précise. Naplouse, Toulkarem et Jénine sont encerclés. Les chars se rapprochent du quartier général de Yasser Arafat à Ramallah. L'administration américaine ferme les yeux. Certains ministres du gouvernement Sharon demandent l'expulsion d'Arafat, d'autres son isolement total. Une répétition de ce qui se passera deux mois plus tard. Le scénario « pourri » semble écrit d'avance. Les services de sécurité israéliens laissent filtrer le message selon lequel personne n'est « immunisé » contre les représailles. La prochaine cible pourrait être Barghouti. Dans ses contacts avec des responsables israéliens, Mohamed Dahlan, chef de la Sécurité préventive à Gaza, avertit : si vous vous attaquez à Barghouti, la réaction sera infiniment plus meurtrière qu'après l'exécution de Raed al-Karmi.

Entré en clandestinité au premier jour de l'opération « Mur de protection » le 30 mars, Marwan Barghouti a été appréhendé quinze jours plus tard dans un appartement de Ramallah par une unité d'élite israélienne. Il a commis l'erreur grossière d'appeler ses proches depuis son téléphone portable. Plus qu'aucun autre, il symbolisait « l'Intifada du camp de la paix ». « Je ne suis pas un terroriste, mais pas non plus un pacifiste, écrivait-il dans un article publié le 16 janvier 2002 dans le *Washington Post.* Simplement un Palestinien ordinaire, qui réclame ce que toute autre personne opprimée réclame : le droit à prendre en charge ma défense en absence de toute aide venant d'ailleurs [...]. Ce principe peut très bien conduire à mon assassinat. Alors, je voudrais que ma position soit claire, afin que ma mort ne soit pas un chiffre de plus dans la « guerre que mène Israël contre le terrorisme ». Pendant six ans, j'ai langui comme prisonnier politique dans une prison israélienne, où j'ai été torturé, suspendu les yeux bandés alors qu'un Israélien frappait mes parties génitales avec un bâton. Mais, en 1994, lorsque j'ai cru qu'Israël était sérieux à propos de la fin de l'occupation, j'ai été un avocat infatigable de la paix [...]. Je continue de rechercher une coexistence pacifique entre les deux pays égaux et indépendants d'Israël et de Palestine, basée sur le retrait total des territoires palestiniens occupés en 1967 et un règlement juste des souffrances des réfugiés, conformément aux résolutions de l'ONU. Je ne cherche pas à détruire Israël, mais seulement à mettre fin à l'occupation de mon pays. » En écartant Barghouti du jeu politique palestinien, les responsables israéliens ont décapité le mouvement qui conduit l'Intifada, mais, une fois encore, ils se privent d'un élément modérateur auquel ne succédera pas nécessairement un partisan aussi convaincu du dialogue.

Après la mort de Karmi, au sein du Fatah et de l'Autorité palestinienne, l'unanimité n'existe cependant pas sur l'opportunité de riposter par des actes visant des civils à l'intérieur de l'État hébreu. Les fractions les plus dures en profitent. Dès l'été 2001, les services de sécurité israéliens ont accusé le Fatah d'avoir mis sur pied une cellule de kamikazes à Jénine, après la mort d'un de ses responsables locaux. Celle-ci est restée jusque-là dans l'ombre.

Certains responsables palestiniens ne tarissent pas d'éloges sur une branche armée qui a restauré l'image d'un parti discrédité dans l'opinion par sept ans de négociations sans résultat. De son côté, Arafat, pour renforcer son contrôle, a ordonné fin janvier le recensement des membres des brigades al-Aqsa. Faut-il ou non démanteler ces milices armées ? La question divise la direction palestinienne. Israël a demandé aux États-Unis de placer l'organisation sur la liste noire des mouvements soutenant le terrorisme. Jibril Rajoub, chef de la Sécurité préventive en Cisjordanie, et ami des Israéliens, veut forcer la décision, et fait publier un communiqué, annonçant leur dissolution. Le conseil révolutionnaire du Fatah se réunit d'urgence, mais ne prend aucune décision. On préfère reporter l'examen de la question à plus tard.

Début février, Arafat paraît inquiet devant certains signes d'affaiblissement de son autorité. À Jénine, des Tanzim ont forcé l'entrée du tribunal où est jugé l'assassin d'un de leurs proches. En apprenant la condamnation du coupable à seulement quinze ans de prison, ils se sont fait justice eux-mêmes en liquidant six personnes. Quelques jours après, un vif échange oppose Arafat à Jibril Rajoub dans le bureau du « Vieux ». À Hébron, les hommes de Rajoub viennent de laisser des prisonniers s'enfuir de la prison. Ils ne voulaient pas les exposer à une frappe israélienne, en riposte à un attentat meurtrier qui avait tué deux femmes soldats à Beer Sheva quelques heures auparavant. Arafat est hors de lui. « Je vais t'éliminer, c'est moi qui t'ai fait », dit-il. Le ton monte entre les deux hommes. Rajoub lui reproche son incapacité à gérer la situation. Arafat l'insulte, l'accuse de vouloir prendre sa place, et finit par le gifler. Rajoub, mal vu par d'autres responsables de la sécurité pour sa complaisance à l'égard d'Israël, est tombé dans un piège tendu à Hébron par les hommes d'Haj Ismael, le responsable des Forces de sécurité nationale en Cisjordanie, un de ses principaux rivaux. Le chef de la Sécurité préventive aggravera son cas quelques semaines plus tard...

Alors que les brigades al-Aqsa frappent en Israël, pendant ce temps, dans les territoires occupés, les opérations anti-israéliennes gagnent en précision. À Gaza, un tank *Merkava 3*, passant pour être le plus puissant au monde, est détruit dans une explosion. En Cisjordanie, deux attaques ciblées contre des soldats en faction aux barrages encouragent les tenants d'« une résistance militaire », à même d'être comprise par l'opinion internationale.

Sous la pression notamment de l'Égypte, après les attentats du 11 septembre, la direction palestinienne a fini par prendre conscience de la nécessité d'infléchir la lutte contre des symboles de l'occupation. Cette évolution est renforcée par les remises en question au sein de l'armée israélienne et l'appel des réservistes à ne plus servir dans les territoires palestiniens.

L'entrée de Tsahal dans les camps de réfugiés à partir du 27 février constitue la ligne rouge qui ruine ce fragile acquis. Pour la première fois depuis la signature des accords d'Oslo, l'armée pénètre à Jénine et à Balata, près de Naplouse. Les soldats ratissent les maisons et brisent les murs pour passer de l'une à l'autre. L'opération, au total, fait des dizaines de tués, pas tous des militants armés. Les captures d'activistes sont peu nombreuses. Le seul gain de l'opération est de rehausser le moral de l'armée, en montrant aux Palestiniens que nul sanctuaire n'est désormais hors de portée de Tsahal.

Le lendemain, Barghouti met en garde : « Nous allons agir n'importe où dans les territoires palestiniens et en dehors », sous-entendu en Israël. Là encore, la riposte ne tarde pas. Le surlendemain, le 2 mars, à l'issue du shabbat, le repos hebdomadaire dans la religion juive, une voiture piégée explose à l'entrée du quartier ultra-orthodoxe de Mea Shearim à Jérusalem, tuant neuf Israéliens, parmi lesquels des enfants. L'attaque est revendiquée par les brigades al-Aqsa. Dans la foulée, le secrétaire général de l'Autorité palestinienne, Tayeb Abdul Rahim, affirme qu'à la violence israélienne contre des civils palestiniens doit répondre la même violence contre des civils israéliens. C'est la première fois qu'un haut responsable justifie ainsi les attentats à l'intérieur de l'État hébreu. Quelques jours après, Mohamed Dahlan fait de même.

Au cours de leurs rencontres, les responsables israéliens de la sécurité remarquent que leurs homologues paraissent humiliés par les actions de Tsahal dans les camps. Le siège prolongé d'Arafat à Ramallah ajoute à la frustration du « Vieux », qui n'aime rien tant que parcourir le monde. Sans l'afficher publiquement, Arafat glisse du côté de la résistance.

Après la destruction d'un second Merkava à Gaza, les dirigeants palestiniens ont le sentiment de marquer des points : « La résistance héroïque et courageuse a réussi à créer une situation nouvelle », déclare Nabil Shaat au journal égyptien *al-Ahram*, le 13 mars.

Il n'apprécie sans doute pas à sa juste mesure la montée des périls.

Sharon vient de renoncer à son exigence, préalable à toute reprise des contacts politiques, de sept jours de calme. La manœuvre est interprétée comme un pas en arrière, mais, dans l'esprit du Premier ministre, la machine infernale est déjà enclenchée. En une semaine — la première de mars —, 30 Israéliens ont péri dans des attaques quasi quotidiennes, dont 29 tués par les brigades al-Aqsa.

Sharon n'hésite pas à déclarer que les Palestiniens doivent être frappés jusqu'à ce qu'ils viennent quémander la paix. Les attaques meurtrières du Hamas lui donneront quelques semaines plus tard l'occasion de détruire les infrastructures de l'Autorité palestinienne en Cisjordanie. Le Fatah, censé protéger Arafat, s'est laissé entraîner dans une spirale de la violence qui pourrait être fatale à son chef.

III

Les islamistes en embuscade

Salah, le kamikaze rescapé

« Salah Othman aurait préféré mourir, mais Dieu, dit-il, en a décidé autrement. » Cet activiste du Hamas est l'un des très rares auteurs d'un attentat anti-israélien à avoir échappé à la mort pendant l'opération-suicide qu'il devait perpétrer — ou, en cas d'échec, à la détention à vie. À 30 ans, ce rescapé malgré lui du terrorisme a le privilège de pouvoir visionner la cassette que tout kamikaze enregistre avant d'aller répandre la mort. Il parle d'une voix faible sur un ton neutre, affichant la placidité de la croyance absolue. Sa jambe droite est restée paralysée, ce qui l'oblige à marcher avec une canne. Ses souvenirs sont intacts. Dans la grande pièce spartiate de sa maison du camp de réfugiés de Jabalya, dans la bande de Gaza, il en ponctue le récit d'une sourate du Coran.

Le 1er juillet 1993, à 7 h 13, Salah monte dans le bus Egged numéro 25 à un arrêt situé près de la colline de French Hill dans la partie occupée de Jérusalem. Il est déguisé en étudiant. Son cartable contient cinq kilos d'explosifs. Les deux autres membres du commando sont également grimés : l'un en homme d'affaires avec à la main, une valise Samsonite, qui cache une bombe, l'autre en soldat israélien, un fusil d'assaut *M 16* en bandoulière. Ils portent une kippa, la calotte des juifs pratiquants. Personne ne les remarque à l'arrêt du bus.

Quand ils sortent leurs armes, la promptitude du chauffeur permet d'éviter un bain de sang. Deux Israéliennes sont exécutées par les assaillants. Deux d'entre eux périssent dans la chasse à l'homme qui s'ensuit. Dans la fusillade, Salah est grièvement blessé par un membre du commando. Après des mois de soins dans des hôpitaux israéliens, les médecins le déclarent « cliniquement mort » et le renvoient à Gaza. Il est convaincu que sa miraculeuse résurrection est l'œuvre de Dieu qui envoya « un vent frais » qui le transporta jusqu'aux lacis de ruelles de Jabalya.

Le Hamas ne l'oubliera pas. Les responsables intégristes lui construiront une maison, le marieront et il sera intégré dans la structure sociale du

Mouvement. Salah a aujourd'hui 30 ans et trois enfants auxquels il a donné des prénoms liés au combat intégriste qu'il perpétue, même handicapé. L'aîné s'appelle Imad Akel, du nom d'un des premiers experts en explosifs du Hamas, tué par Israël en 1993, les deux autres, ceux de ses compagnons d'armes disparus dans l'attentat, Mohamed al Hindi, et Maher Abou Srour.

Le commando appartenait à l'une des cellules affiliées aux Ezzedine al-Qassem, la plus importante des phalanges armées du Hamas, responsable de la plupart des attentats anti-israéliens de ces dix dernières années. L'établissement de ces bataillons fin 1991 marqua une nouvelle étape dans le combat des intégristes palestiniens contre les forces d'occupation israéliennes. Après la capture d'un soldat en décembre 1992, Yitzhak Rabin, Premier ministre, ordonna l'expulsion de 420 cadres, activistes et sympathisants islamistes à Marj-el-Zohour au Sud-Liban. Tragique erreur, que l'État hébreu reconnut plus tard. Sous les caméras du monde entier, les intégristes popularisèrent leur cause, à l'ombre du Hezbollah qui enseigna à certains d'entre eux les techniques de fabrication d'explosifs, qui feront de nombreuses victimes les années suivantes. Dans le bus 25, les enquêteurs israéliens retrouvèrent une feuille sur laquelle les membres du commando avaient inscrit leur revendication : la libération des 420 prisonniers du Sud-Liban, contre la vie des passagers.

Les membres de l'aile militaire du Hamas opèrent clandestinement, dans le plus grand secret. Ils ne parlent jamais à la presse. Le fonctionnement de leurs réseaux doit être sécurisé afin de déjouer les infiltrations par les services de renseignements israéliens et palestiniens. Le témoignage de Salah et d'un proche du planificateur de l'attentat éclairent le modus operandi des islamistes.

Son recrutement par les Ezzedine al-Qassem fut relativement aisé. Issu d'une famille de neuf enfants, des réfugiés musulmans pieux qui ont tout perdu à la création d'Israël en 1948, il adhéra au Hamas en 1989. L'année suivante, Tsahal l'arrêta et l'emprisonna pendant un an et demi pour avoir participé à la première Intifada. À sa libération, Salah reprit le chemin de la mosquée de son quartier, que fréquentait son voisin Imad Akel. L'amitié qui les unissait lui épargna les longs tests auxquels sont soumis les candidats-kamikazes fondamentalistes. Imad Akel se porta garant de l'adhésion de Salah à la cause intégriste. En dépit de ces précautions, les Israéliens eurent vent de ses projets, et le déclarèrent *wanted*, recherché par la sécurité.

Au printemps 1993, Akel demanda à Salah d'aller renforcer la Cisjordanie, où le mouvement avait du mal à recruter. « Ne cherchez pas à savoir où je vais », prévint Salah, en saluant ses parents avant de partir. Ils n'ont rien dit mais, au fond d'eux-mêmes, ils avaient compris que leur fils ne reviendrait pas de sa mission-suicide.

Un homme est indispensable à la réussite de l'opération : l'instructeur, celui qui va préparer et planifier l'attentat et organiser sa logistique. Dans le cas de Salah, il s'appelait Mohamed Aziz, un habitant du camp de réfugiés d'al-Aroub, près d'Hébron. Ceinture noire de judo, excellent pongiste, il réunissait toutes les qualités nécessaires pour encadrer des futurs kamikazes : bravoure, intelligence d'organisation et sang-froid. Il avait été entraîné clandestinement en Jordanie pendant ses études à la fin des années 1980. Responsable de la branche militaire du Hamas pour le sud de la Cisjordanie, il servait d'agent de liaison avec Gaza qui lui avait envoyé une quinzaine de recrues. Mohamed Aziz préparait simultanément plusieurs opérations. Il se déplaçait de cellule en cellule, attentif à déjouer la traque des soldats israéliens qui le recherchaient activement. A 25 ans, il avait déjà été arrêté à onze reprises par Tsahal.

Salah ignorait l'identité de celui qui, à son arrivée, se présenta comme Abou Barakat. Avant de gagner sa cache, il fut de nouveau soumis à interrogatoire. « Je connaissais seulement Mohamed al

Hindi. Abou Barakat et Maher, eux, s'étaient connus en prison. Nous sommes restés cachés pendant deux mois dans la région d'Hébron. On était obligés de changer souvent de planques. On se cachait dans des grottes sur les collines derrière al-Aroub, Beit Fajar, et Dura. On ne sortait que pour changer d'abri. Les conditions étaient difficiles. On devait traverser parfois à la nage, avant d'accéder à notre planque. Abou Barakat venait nous voir régulièrement. Il nous donnait des informations sur les derniers événements. Des membres d'Ezzedine al-Qassem nous fournissaient de la nourriture. On s'entraînait au tir. La montagne permettait de couvrir le bruit. Un jour, on a reçu la visite d'Abou Saeb. Il est resté quatre jours avec nous. J'ai découvert un an après quand il est venu me voir à Jabalya pendant ma convalescence que c'était Yéhié Ayash[1]. Il nous apprit comment manier les explosifs. Ma mission consistait à faire exploser une voiture piégée sur des soldats israéliens dans les territoires occupés. Mais, à cette époque, l'armée israélienne avait procédé à de nombreuses arrestations parmi nos membres. Abou Barakat m'a dit que nous faisions face à une situation d'urgence. Il a annulé

1. Artificier en chef du Hamas, il a été liquidé en janvier 1996 par l'armée israélienne, ce qui déclencha une vague d'attentats-suicides à l'intérieur de l'État hébreu.

ce plan et il nous a présenté l'opération de French Hill. On s'y est préparé, mais ce qui comptait surtout, c'était la force spirituelle. Elle ne manquait pas. On savait tous qu'on allait mourir. On lisait ensemble le Coran pour renforcer notre lien avec Dieu. Maher était particulièrement motivé. Il avait réussi une opération quelques mois plus tôt pour se racheter d'une faute. Dans la prison israélienne, il avait accepté de collaborer avec le Shin Beth pour être libéré plus tôt. À sa sortie, il est allé voir son cousin pour confesser son geste. Pour laver sa conscience, celui-ci lui a demandé de prendre rendez-vous avec son agent traitant et de le tuer. C'est ce qu'il a fait, et il a même réussi à s'enfuir. Avant de nous quitter, Abou Saeb a consigné les instructions et le matériel dont on avait besoin sur une feuille. Il nous a donné les explosifs. C'était un explosif artisanal fabriqué par un étudiant en chimie. On devait le faire sécher, comme du sel. Si l'opération tournait mal, on devait faire exploser le bus. Mon rôle consistait à menacer les passagers, en brandissant les explosifs qui étaient cachés dans mon cartable. On avait envisagé tous les scénarios possibles. Maher parlait très bien l'hébreu. Il avait travaillé dans un supermarché à Jérusalem. C'est lui qui est monté le premier dans le bus pour acheter les tickets. La monnaie était prête.

Abou Barakat nous avait informés de la date de l'opération, deux jours avant seulement. On a quitté notre cache la nuit précédente. Avant de partir, on a enregistré la vidéo et dit une prière spéciale pour les martyrs. On a pris un chemin de montagne qui contourne Bethléem. Notre chauffeur, Tayseer Hamdan, était membre d'une cellule à Jérusalem. Il purge aujourd'hui une peine de prison à vie en Israël. On ne le connaissait pas. Il nous a laissés à un kilomètre environ du lieu de l'opération. On a appelé un taxi. Arrivés sur place, on a attendu dix minutes. Plusieurs bus sont passés. Mais ils n'appartenaient pas à Egged. On devait viser un bus de la compagnie nationale israélienne. »

Salah n'exprime aucun regret. S'il en était capable, il se porterait de nouveau candidat à l'attentat-suicide. La centaine de kamikazes qui, depuis 1993, ont agi comme lui communient dans la même exaltation de la mort. « Le martyr ne meurt pas quand il meurt sur les traces de Dieu, dit le Coran. C'est comme lors de la transformation de l'embryon en bébé. L'embryon meurt à la naissance de l'enfant, mais ce n'est pas la fin, c'est le début d'une nouvelle vie. » Même si leur geste exprime souvent une tragique fuite en avant, à leurs convictions religieuses se mêlent de plus en plus d'ardeurs nationalistes. « Nous ne visions pas les Juifs parce qu'ils sont juifs, explique Salah, mais parce qu'ils ont volé notre terre et que toute la société israélienne est militarisée. Aujourd'hui, ils disposent d'un pays, mais ils continuent de nous harceler en construisant des colonies sur nos terres. »

L'Intifada a gonflé les rangs des kamikazes, parmi lesquels on compte désormais des femmes, et des jeunes issus des mouvances nationalistes comme le Fatah d'Arafat ou les petits partis marxistes, les Fronts populaire et démocratique pour la libération de la Palestine. À la différence des groupes islamistes, les temps de préparation de leurs opérations sont plus courts. Leur « professionnalisme » est moindre. Signe de la radicalisation de la population : l'attentat-suicide est passé dans la sphère privée. Aux ressorts classiques sont venus se greffer des désirs de vengeance personnels liés à la perte d'un frère, d'un ami ou d'un cousin, ou à la déception à l'égard de l'inertie des pays arabes dans le conflit israélo-palestinien. À plusieurs reprises depuis le début de la révolte, un jeune *shebab*, gorgé de rancœur, est allé proposer ses services au Hamas pour se venger, mais le mouvement a rejeté son offre. Sous l'effet de la violence de la répression, « l'agneau est devenu le renard », conclut Salah.

Le statut de « *shahid* » (martyr qui englobe tous les jeunes tombés pendant la révolte) confère un certain nombre d'avantages pour sa famille au-delà de l'honneur qu'il représente d'être tombé en affrontant l'ennemi. Saddam Hussein a porté, au printemps 2002, à 25 000 dollars (28 000 euros) le montant des dédommagements alloués à la famille du kamikaze, et l'argent est rapidement versé aux intéressés. Le Hamas assure les frais d'éducation de la famille après l'opération. L'Autorité palestinienne, pour ne pas être en reste, verse également une somme d'argent aux proches du *shahid.* Elle peut même attribuer à un prisonnier mort dans sa geôle dans des conditions suspectes le statut de *shahid* afin de faire bénéficier à sa famille d'indemnités financières qui calmeront son désir de vengeance...

L'Intifada, une aubaine pour les islamistes

Les islamistes apparaissent comme les premiers vainqueurs de la redistribution des cartes issue de l'Intifada.

L'échec du processus de paix avec Israël valide leur opposition à un rapprochement qu'ils ont jugé dès son lancement inégal. Quand leur popularité plafonnait à 15 % entre 1996 et l'an 2000, elle atteint désormais plus de 25 % [1], ce qui rend

1. Sondages du Palestinian Center for Research and Policy, Khalil Shikaki. Par islamistes, nous entendons les partisans du Hamas, le Mouvement de la résistance islamique, de très loin le principal parti intégriste palestinien. Son rival, le Jihad islamique, est un groupuscule crédité

vains tous les appels au démantèlement de leurs structures.

Leurs attaques meurtrières à l'intérieur d'Israël furent au départ réprouvées par la population, qui en subissait les conséquences à travers les bouclages imposés par l'État hébreu sur la Cisjordanie et la bande de Gaza. Elles sont désormais plébiscitées et même copiées par leurs rivaux.

Les Palestiniens ne sont pas devenus pour autant adeptes de la charia ou des combattants de l'« Occident croisé ». Dans leur immense majorité, ils se détournent des préceptes intégristes, leur préférant une vie à la fois ouverte sur le monde, influencée par leurs voisins israéliens, et marquée par le respect de la tradition et des coutumes familiales. Mais face aux avions de combat *F-16* et aux hélicoptères *Apache* qui répandent le feu sur les villes, la population voit dans les actions des kamikazes, parfois audacieuses d'un point de vue militaire, une résistance légitime.

Les dirigeants du Hamas ont trouvé en Barak et Sharon, qui se sont succédé à la tête d'Israël depuis le début de l'Intifada, des alliés de circonstance quand ceux-ci décidèrent d'humilier leur

---

d'environ 1 % de popularité dans les sondages d'opinion. Lié à l'Iran en raison de la personnalité de son chef Fathi Shikaki, tué par le Mossad en 1995 à Malte, sa capacité « militaire » est réduite et son rôle politique marginal.

principal rival, Arafat, puis d'affaiblir avant de la détruire une partie de l'Autorité palestinienne.

L'attentat perpétré par un kamikaze Hamas le 27 mars 2002, jour du début de la Pâque juive, à Nétanya, qui aggravera la crise, ne visait pas seulement à faire capoter le sommet arabe qui se tenait alors à Beyrouth, avec au menu l'examen de l'initiative de paix saoudienne[1]. Préparé de longue date par ses concepteurs, l'attaque ciblait aussi Arafat. Si celui-ci avait pu se rendre au Liban, Sharon ne l'aurait certainement pas laissé revenir dans les territoires palestiniens. Les dirigeants intégristes, épargnés par les ripostes israéliennes qui suivirent, auraient alors hypocritement versé une larme sur l'éviction de leur rival.

En bombardant les bâtiments officiels — y compris les prisons — le 12 octobre 2000, deux semaines après le déclenchement de la révolte, en représailles au lynchage de deux soldats israéliens à Ramallah, l'ex-Premier ministre travailliste plaça Arafat devant un choix impossible. Que faire des prisonniers ? Leur rendre la liberté pour préserver l'unité nationale ? Ou apparaître comme le garant inflexible de la sécurité d'Israël, au risque de provo-

1. En échange d'un retrait israélien des territoires arabes occupés en 1967, le monde arabe propose « une normalisation » de ses relations avec l'État hébreu.

quer des heurts fratricides ? Arafat choisira la première option. Il pensait pouvoir, le moment venu, rassembler facilement les brebis égarées. Son objectif était d'exercer une pression sur Barak. Quelques 200 prisonniers islamistes recouvrent alors la liberté mais, pour ne pas se mettre à dos les Américains et les Israéliens, Arafat maintient en résidence surveillée quelques gros poissons, comme Mohamed Deif et Mahmoud Abou Hounoud[1] L'option de l'union sacrée face à Israël donnera le signal du rapprochement entre l'Autorité et les islamistes. Ces derniers sont invités à participer aux comités de résistance populaire de l'Intifada al-Aqsa, du nom de la mosquée sainte de Jérusalem. Leurs dirigeants ne sont plus boycottés par les médias officiels, et certains sont même conviés aux réunions du cabinet palestinien. Une première. Pendant ce temps, sur le terrain, le relâchement de la surveillance policière autour des activistes, qui prendra fin en juin 2001 avec l'adoption du Plan Tenet[2], facilitera la reconstitution de leur arsenal militaire.

---

1. Le premier est tenu par Israël responsable de la vague d'attentats du printemps 96. Le second est un des chefs de la branche militaire en Cisjordanie, qui sera assassiné par Tsahal en novembre 2001, déclenchant une violente riposte intégriste.

2. Du nom du chef de la CIA, le plan dresse la liste des arrangements de sécurité auxquels les deux parties doivent souscrire avant une relance du dialogue politique.

Les islamistes y ont regardé pourtant à deux fois avant de se lancer dans la bataille. Confinée d'abord aux enterrements, leur participation à la révolte ne deviendra active qu'après le passage des pierres aux armes comme mode d'action, fin 2000. Instruits par les déboires du passé, ils se méfient de l'Autorité palestinienne. Ils ignorent s'il s'agit d'une révolte passagère ou d'une véritable lame de fond. Ils hésitent avant d'envoyer leurs combattants en première ligne, de peur d'être arrêtés ensuite par la police d'Arafat, en cas de retour à la table des négociations. Pas question d'offrir les *hamsaoui* en victimes expiatoires du soulèvement.

Après la première vague d'attentats du printemps 1996, Arafat n'a pas hésité à jouer la carte de la paix avec Israël contre ses adversaires, si bien qu'à l'été 2000, les intégristes sont dans une position d'extrême faiblesse.

En 1998, sur la foi d'informations transmises parfois par les moukhabarats palestiniens (la police secrète), leurs artificiers, Moyedine al-Sharif et Adel Awadallah périrent l'un après l'autre dans des raids israéliens. Avant la liquidation des frères Awadallah, les services de Jibril Rajoub, responsable de la Sécurité préventive en Cisjordanie, et grand ennemi du Hamas, récoltèrent des listes de noms qui permirent de nombreuses arrestations. Pendant ce temps, dans les prisons palestiniennes, les activistes paraissaient démoralisés. Autour de sheikh Yacine, le fondateur du Hamas, et un des rares dirigeants encore en liberté, le débat sur l'opportunité de mettre en danger l'unité nationale par des opérations-suicides avançait, un débat que la direction basée à l'étranger durcissait par des actions isolées. Pour éviter les foudres des représailles, le Hamas en fut réduit à ne plus revendiquer certaines de ses actions, conduites en majorité dans les territoires occupés. La coopération israélo-palestinienne donnait des résultats probants. Arafat et ses hommes furent à l'époque de solides gardiens de la sécurité d'Israël. Ils ne furent pas payés de retour. Pendant toutes ces années, Benyamin Netanyahou ne concéda à Arafat qu'un modeste redéploiement à Hébron et une évacuation de 2 % de la Cisjordanie. Certains proches d'Arafat en garderont un souvenir amer.

Le réveil islamiste mettra six mois avant de produire des résultats. Le premier attentat meurtrier revendiqué par le Hamas à l'intérieur d'Israël fut commis le 4 mars 2001 à Nétanyah et coûta la vie à trois personnes. L'explosif utilisé — du Tatp, un explosif peroxyde puissant — marquait une progression qualitative par rapport à la poudre noire (appelée communément Im el-Abed, la mère d'Abed) des premières opérations intégristes, qui avortèrent souvent. Sheikh Yacine le reconnut : « C'est vrai que nous n'avons pas fait du bon travail au début de l'Intifada, parce que nous n'en avions pas les moyens[1]. » Les filières d'approvisionnement d'explosifs à partir de l'étranger n'étant pas encore au point, les artificiers durent récupérer de l'explosif militaire, souvent à partir de bombes larguées par l'aviation israélienne. Les « ingénieurs » en étaient encore à se former et les cellules à être réorganisées.

Un an après, le Hamas a entamé la restructuration de ses différentes activités, financières, politiques et militaires. Contrairement aux premiers mois de la révolte, les intégristes n'ont plus de soucis d'argent. Les fonds affluent de la diaspora palestinienne installée dans les pays du Golfe, de donateurs privés en Europe, aux États-Unis et au Canada.

« Les deux premiers mois ont été difficiles financièrement, explique un connaisseur de la mouvance intégriste à Amman, mais les problèmes ont été réglés ensuite. Ils ont reçu plusieurs dizaines de millions de dollars[2]. Je connais beaucoup de membres de ma famille en Arabie saoudite qui donnent la moitié de leur salaire au

---

1. Entretien diffusé sur le site internet du Hamas en mars 2001.

2. Le budget annuel du Hamas s'élèverait à environ 80 millions de dollars.

Hamas. » Le coût de certaines opérations-suicides peut atteindre jusqu'à 30 000 dollars (recrutement et formation des membres du commando, fourniture des équipements et des armes, logistique de transport[1]).

Les intégristes paraissent en mesure de répondre aux besoins financiers en forte croissance en Cisjordanie et à Gaza : aides aux familles des « martyrs », à celles qui ont perdu leur logement, aux dizaines de milliers de blessés, sans compter le financement de la multitude d'œuvres charitables et sociales, des écoles et des hôpitaux proches du mouvement, un maillage social réputé bien géré qui renforce son pouvoir d'attraction face à une autorité en quête de fonds.

Le contrôle financier est assuré en grande partie par la direction du mouvement installée principalement à Damas en Syrie. Moussa Abou Marzouk est le trésorier en titre, mais Khaled Meshal, responsable du bureau politique, continue d'aller démarcher dans le Golfe, où il séjourna longtemps. Après des désaccords sur l'utilisation de cette manne, les deux hommes ont réglé leur différend. Le Hamas s'est doté également d'un système comptable perfectionné qui

---

1. Entretien avec un expert européen dans la lutte antiterroriste au Proche-Orient, le 13 février 2002.

lui permet d'échapper aux entraves à ses mouvements de fonds.

En ce qui concerne le politique et le militaire, l'Intifada a permis de renforcer la cohérence de son action. Celle-ci est désormais mieux coordonnée entre les différents pôles de décision. Le Hamas n'est pas une organisation dans laquelle une décision prise par un homme seul ou par un petit groupe s'impose à tous les autres. La discipline de conduite est une règle d'or, à laquelle son fondateur sheikh Yacine tient particulièrement, mais elle a été battue en brèche à plusieurs reprises dans le passé, à propos notamment de la politique des attentats en Israël qui faillit faire éclater le mouvement dans les années 1996-1997.

La libération de sheikh Yacine des geôles israéliennes en 1997 a permis à la direction intérieure de reprendre la main et d'assurer sa préséance dans les décisions stratégiques. Contre l'avis de l'extérieur, le vieil instituteur paraplégique imposa ainsi la participation du mouvement au Conseil central palestinien réuni en mai 1999, et le respect de l'arrêt des opérations armées à l'intérieur d'Israël, décrété par Arafat le 16 décembre 2001.

En prise sur la réalité dans les territoires, la direction locale est réputée plus modérée que la composante basée à Damas. Avant l'Intifada, le partage des responsabilités, sans être clairement défini, pouvait se résumer ainsi : la décision politique relevait de Gaza, le contrôle opérationnel de Damas.

« Aujourd'hui, la direction extérieure contrôle encore une grande partie de la logistique combattante, souligne un expert antiterroriste au Proche-Orient. Les militants envoyés des territoires pour "se former" dans les camps d'Ahmed Jibril [1] au Liban ou en Syrie passent la plupart du temps par les bureaux du Hamas à Damas ou Beyrouth. Ses représentants sont en contacts réguliers avec les responsables du Hezbollah, les ambassadeurs iraniens à Beyrouth et Damas, et les services de renseignements syriens, qui balisent leur activité ou les utilisent parfois. » Entre l'Iran et le Hamas, le dialogue politique et l'assistance en terme d'instruction et d'entraînement d'activistes se sont renforcés depuis le début de l'Intifada (voir chapitre IV), mais Téhéran ne contrôle pas le mouvement, ce dernier restant soucieux de préserver une indépendance d'action. Contrairement aux allégations israéliennes, rien ne prouve jusqu'à maintenant que le Hezbollah ait dépêché certains de ses membres dans les territoires palestiniens.

---

1. Dirigeant du Front populaire pour la libération de la Palestine commandement-général (FPLP-CG), opposé aux pourparlers de paix entre Israël et les Palestiniens.

De son côté, la branche intérieure, tout en gardant le contrôle politique, a renforcé sa capacité opérationnelle propre, depuis le début de l'Intifada. Contrairement à ce qui se passait dans les années 1996-1997, les ordres de perpétrer des attentats viendraient désormais de Gaza. Le recrutement des membres des Ezzedine al-Qassem est plus aisé. Durant l'été 2001, la sécurité israélienne estimait à 150 le nombre de « militaires » cachés dans la bande de Gaza et à une cinquantaine ceux de Cisjordanie [1]. Un nombre non-négligeable de ces activistes a depuis été tué par Tsahal, mais le Hamas fait preuve d'une capacité de renouvellement de ses cadres qui surprend plus d'un observateur.

L'une des principales zones d'ombre dans le fonctionnement du mouvement concerne les rapports entre les branches militaire et politique. Ces relations ont gagné en cohérence ces dernières années, mais pas au point de prétendre que les militaires marchent au canon !

À l'instar de toute organisation prônant la violence, le Hamas veille à cloisonner ses activités pour d'évidentes raisons de sécurité. Cette distinction est en fait fictive. La branche politique, qui définit les grandes lignes du parti à un moment donné, exerce « un contrôle à distance »

1. Carte du Hamas et du Jihad, *Maariv*, 17 août 2001.

des militaires, selon l'expression de sheikh Yacine[1]. « Quand on donne un feu vert pour la résistance, les militaires comprennent ce que cela signifie, mais on ne spécifie pas comment agir. »

Ce « contrôle à distance » s'opère via un « bureau de liaison » dont Abdel Aziz Rantissi est un des membres à Gaza. Jamal Mansour en fut un autre, à Naplouse, avant d'être assassiné par Israël en juillet 2001. En appelant publiquement les militaires à venger la liquidation de ce dernier et d'un autre responsable politique du Hamas, le docteur Rantissi rompit non seulement avec les habitudes de discrétion. En se démasquant, il confirmait que l'ordre de commettre les attentats anti-israéliens venait de l'intérieur. Quelques semaines plus tard, d'ailleurs, Mahmoud Abou Hounoud, dont la tête était mise à prix par l'État hébreu, chercha désespérément à joindre Rantissi. Son frère téléphona d'urgence à un ami à Gaza pour qu'il lui communique le numéro de portable du responsable intégriste. L'ami en question comprit alors qui se cachait derrière le dentiste habitant le quartier pauvre de sheikh Radwan.

Malgré une meilleure compréhension de la situation politique par les militaires, l'intérieur

---

1. Entretien avec sheikh Yacine, le 23 février 2002, Gaza.

n'a sans doute pas le monopole de la décision de frapper. Certaines cellules clandestines gardent vraisemblablement l'oreille des durs à Damas, en particulier d'Imad Alami, chargé des territoires occupés. Les liquidations de nombreux responsables, politiques ou militaires, dans le nord de la Cisjordanie, ont créé un vide dans lequel des radicaux pourraient tenter de s'engouffrer.

Le bunker de Soudanyé : made in Hamas

Sur une plage du nord de la bande de Gaza, des policiers jouent avec leur vie au pied d'un bunker. À leur passage sur la route côtière qui mène à Bet Lahya, les *gazaouis* sont loin d'imaginer que la casemate ensablée dans le contrebas recèle des centaines de kilogrammes d'explosifs en attente de neutralisation. Elle n'a rien d'une soute à charbon inexpugnable. En briques, surmontée d'un toit en tôle, elle n'est protégée que par de simples pneus plaqués aux parois. À quelques mètres de là, des fosses d'explosion recueillent les dernières bombes israéliennes larguées sur la bande de Gaza.

Une unité de déminage veille vingt-quatre heures sur vingt-quatre sur le butin de la guerre antiterroriste livrée par l'Autorité palestinienne à ses opposants intégristes. Une visite, inédite, du bunker de Soudanyé en dit plus qu'un long discours sur le saut qualitatif réalisé par les artificiers et ingénieurs intégristes dans leurs ateliers clandestins, et la guerre de l'ombre qui les oppose aux policiers d'Arafat avec, en tierce partie, l'armée israélienne.

Originaire de la ville voisine de Marsabaa, devenue Beersheva à la création d'Israël en 1948, le colonel Abou Shadi, 55 ans, dirige l'équipe de démineurs. C'est un ancien combattant du Liban, convaincu de la justesse de sa mission, mais un peu dépassé par l'ampleur de la tâche. Les différents belligérants des guerres survenues depuis un siècle ont abandonné derrière eux de nombreuses mines. Depuis le déclenchement de l'Intifada, la situation a empiré : les explosifs prolifèrent et les conditions de leur collecte sont rendues difficiles. Abou Shadi a été formé aux États-Unis mais, au cours de ses stages, la CIA ne lui a pas tout dit. La technique de neutralisation des engins explosifs, enseignée aux artificiers palestiniens, a le mérite d'être efficace, pourtant elle n'est pas sans danger. Elle consiste à faire exploser les bombes à distance de manière à ce qu'elles ne puissent pas être réutilisées et non pas à extraire l'explosif du culot, une technique sophistiquée qui requiert des outils et un savoir-faire auquel Abou Shadi et ses hommes n'ont pas eu droit. L'étiquette de guérillero leur colle à la peau.

« À la première erreur, c'est la mort assurée », avertit le quinquagénaire grisonnant, en déverrouillant la porte d'accès. Les rares experts étrangers à avoir pénétré dans le bunker en ont eu des frissons dans le dos. À plusieurs reprises, l'Autorité palestinienne a sollicité l'aide d'Israël pour détruire l'arsenal de mort. « C'est votre problème », leur a-t-on répondu.

Voici un échantillon des explosifs observés au cours de la visite[1] :

— De vieux obus datant de la seconde guerre mondiale soigneusement alignés sur le sable. Certains pèsent jusqu'à deux cents kilos. D'autres pièces d'artillerie sont de plus petite taille. Elles côtoient une centaine de mines antipersonnel, des vieux mortiers et des roquettes. Il y a aussi les mortiers islamistes, de type *Kassam 1*, fabriqués pendant l'Intifada, qui ont été récupérés dans le nord de la bande de Gaza. À côté, un mortier de gros calibre, trouvé au printemps 2002 à Beit Hanoun dans le nord de la bande de Gaza, avec, à l'intérieur, un autre mortier qui n'a pas explosé. Puis une bouteille de gaz, fabriquée par le Hamas, qui l'a entreposée sous terre dans une petite fabrique d'explosifs découverte par la police dans le quartier d'Aiz Zeitoun à Gaza-

1. La visite a été effectuée en compagnie d'un expert européen en analyse d'explosifs.

Ville, lors de la traque anti-islamiste en 1996. Les lignes de fragmentation striant la bouteille sont la signature du Mouvement de la résistance islamique : on les retrouve également sur des grenades à main. Elles facilitent l'explosion et accroissent le danger en projetant des morceaux tranchants. Ce type d'engin explosif est en général laissé sur le bas-côté de la route, relié à un câble, avec au bout une batterie pour actionner la détonation au passage d'un convoi militaire israélien.

C'est la partie la plus dangereuse de la visite, mais pas forcément la plus novatrice. A quelques mètres de là, sous un minuscule hangar ouvert aux vents, d'autres explosifs attendent d'être neutralisés. Ils viennent d'être récoltés par l'unité de déminage. Ils sont tous de fabrication locale. *Made in Hamas.*

— Un engin explosif improvisé, composé d'un tuyau d'eau de trois centimètres de diamètre sur dix de long. Les activistes le remplissent de TNT et l'enflamment au moyen d'un fil relié à une batterie. Un explosif très simple retrouvé dans la rue, au moment d'un test, mais qui peut tuer quand il atteint sa cible.

— Des grenades défensives moulées à la main. Une belle pièce artisanale. Les démineurs ont reconnu le système de détonation propre aux islamistes. Avant l'Intifada, la police palestinienne a découvert une grande quantité de grenades de ce type dans de petites manufactures qui ont été ensuite démantelées.

— Une grenade à fusil tirée à partir d'un fusil d'assaut *M 16.* Utilisée par le Hamas lors de manifestations interpalestiniennes contre les bâtiments de la police civile à Jabalya en décembre 2001.

Les deux missiles *Kassam 2* encore chargés sont exposés sur le sable. C'est le clou de la visite. Sortis en début d'année 2002 des fabriques islamistes, ce sont les seuls récupérés par la police palestinienne, près de Beit Hanoun, non loin de la frontière avec Israël. Un mètre vingt de long, d'une portée de 4-5 kilomètres, le missile a une partie rouge en couverture de la charge explosive, et le reste est peint en vert, la couleur de l'islam. Dans un petit sac en plastique sont amassés des explosifs artisanaux à base de sucre, de potasse et de fertilisants, assemblés sous forme de pastille pour servir de propulseur. Une couche de cire rassemble le tout.

L'allumage de la mèche entraîne la propulsion. Le mélange explosif n'est pas homogène et la propulsion n'est pas contrôlée. En lançant son *Kassam 2*, l'artilleur intégriste ignore où tombera le missile.

Davantage qu'une réelle menace militaire, le *Kassam 2* est d'abord une arme psychologique, destinée à répandre la peur ; mais les autorités israéliennes l'agitent comme un dangereux épouvantail. Pour l'État hébreu, chaque *Kassam 2* lancé sur son territoire équivaut à une ligne rouge franchie dans l'affrontement. Tsahal riposte en général très sévèrement. Pour la première fois en mars 2002, un *Kassam 2* a atteint la ville de Sdérot, en face de la bande de Gaza, blessant une Israélienne et causant la panique dans la population.

La fabrication de ces engins reste empirique et rudimentaire. Certains « ingénieurs » n'en sortiront pas indemnes. Elle illustre cependant l'ingéniosité des islamistes, compte tenu du peu de moyens dont ils disposent et de la traque qui leur est faite par l'armée israélienne. L'État hébreu peut détruire les ateliers de fabrication, il n'empêchera pas ce savoir-faire de se transmettre.

Les hommes d'Abou Shadi n'en reviennent pas de ce qu'ils récoltent depuis le début des violences. Ils sont à la fois inquiets et admiratifs devant les prouesses techniques des intégristes. Leur chef se plaint du manque de coopération avec Israël pour les débarrasser de ce fardeau. Mais sa grogne vise aussi les jeunes désœuvrés qui s'improvisent experts en explosifs. « Ils vont dans des cafés Internet, ils entrent sur des sites qui donnent les méthodes de fabrication. Ils vont ensuite dans une pharmacie acheter des médicaments dans lesquels se trouvent des composants d'explosifs. Ils assemblent tout cela de manière plus ou moins élaborée, et c'est ainsi que les accidents surviennent. » Résistance oblige, les amateurs sont de plus en plus nombreux. Au cours de l'été 2001, Abou Shadi a dû se rendre devant les caméras de la télévision palestinienne pour implorer les *shebabs* de ne plus surfer sur le net. Les risques sont aggravés par les fausses équations divulguées par l'État hébreu pour brouiller les pistes. Certains hackeurs arrêtés par la police israélienne se sont vu proposer un troc : la relaxe contre une embauche au sein des services de renseignements. Ce fut la cas du « génie » qui parvint à pénétrer le système informatique du Pentagone, le ministère américain de la Défense.

Au printemps 2002, les gardiens de Soudanyé redoutaient d'être pris pour cible par l'aviation israélienne. Quinze jours après notre visite, mi-mars, le bunker a été détruit. Un commando de huit hommes a mené une opération amphibie nocturne, appuyé par un feu de la marine et des hélicoptères. À l'issue de l'opération de reconnaissance qui coûta la vie à un policier palestinien, le commando repartit par la mer. Le lendemain, le bunker a été bombardé à l'avion de combat *F-16*. La bombe a frappé un pan de la cache. Par le souffle, plusieurs tonnes de sable se sont soulevées et ont enfoui ce qui n'a pas explosé. Sous la plage de Soudanyé, nul ne sait désormais quelle bombe est dissimulée. Difficile une fois encore de comprendre la logique de cette frappe contre des policiers chargés de collecter les explosifs entre les mains des adversaires intégristes d'Israël.

Les Islamistes et Arafat, je t'aime moi non plus

Sheikh Yacine n'est pas membre de l'Autorité palestinienne, et pourtant, le 4 × 4 du principal opposant à Arafat arbore les plaques rouges des véhicules officiels. À sa sortie de prison, le leader du Hamas déclina la proposition de lui octroyer des gardes du corps, mais il ne put résister à certaines sollicitudes du chef de l'OLP.

Comment s'opposer à Arafat sans ruiner toute chance de peser sur l'avenir des territoires palestiniens ? Le dilemme a dominé le débat au sein du Hamas depuis l'installation du régime d'autonomie en 1994. Comment amener les intégristes à davantage de modération, sans donner l'impression de manger avec le Diable, et finalement se mettre à dos la communauté internationale ? Pour s'extraire de la quadrature du cercle, Arafat a su jouer avec les faiblesses de ses adversaires, et ses talents manœuvriers lui ont permis de marquer des points dans sa lutte d'influence face aux islamistes.

Entre les deux principaux acteurs de la scène palestinienne, les crises ont alterné avec les périodes de compréhension réciproque des intérêts nationaux. Le dialogue ne fut jamais complètement rompu. Au nom du front uni face à « l'agression israélienne », l'Intifada a relégué leurs désaccords au second plan. Mais, faute de convergences stratégiques, les relations restent marquées par la suspicion et la méfiance.

Un vendredi de novembre 1994, jour de prière chez les Musulmans, Gaza renoue tragiquement avec l'Intifada. Mais une Intifada entre « frères ». À la sortie de la mosquée Palestine, des heurts violents opposent sympathisants intégristes aux forces de police, fraîchement rentrées dans les territoires. Les tirs sont à balles réelles. Treize Palestiniens sont tués. L'incident suscite l'inquiétude des Américains. Pour contrer toute montée en puissance des opposants à celui qui entame une réconciliation historique avec les Israéliens, Washington demande discrètement au numéro deux d'Arafat, Abou Mazen, de rentrer à Gaza[1].

En optant d'emblée pour le bâton, Arafat montre qu'il ne tolérera pas une dualité du pouvoir. Tout au long de la première année du

1. Entretien avec un responsable palestinien qui a souhaité gardé l'anonymat, le 15 octobre 2001.

régime d'autonomie, les déclarations incendiaires des responsables intégristes, accompagnées d'attentats meurtriers dans l'État hébreu, n'auront qu'un but : signifier à Arafat que ses adversaires entendent s'opposer aux négociations avec Israël et poursuivre la lutte armée face à une occupation continue. En coulisses, c'est la carotte qui est brandie pour allécher les islamistes. Les manœuvres pour débaucher des cadres du Hamas restent vaines — seul Imad Faloudji accepte de devenir ministre des Communications — mais les responsables des services de sécurité, eux, sont plus convaincants : au cours de l'été 95, ils parviennent à arracher une trêve des attentats à la branche militaire, que la vague d'attaques meurtrières du printemps 1996 remettra en cause[1].

La politique de coopération, qui avait porté ses fruits, est durcie. Arafat fera emprisonner 1 200 activistes intégristes. Sous la torture, certains suspects perdront jusqu'à une dizaine de kilos en trois semaines.

Avec qui parler ? Le Hamas est désormais au

1. Shimon Peres, Premier ministre, avait accédé aux demandes du chef du Shin Beth, Carmi Gillon, mis sur la sellette après l'assassinat de Rabin, de liquider Yéhié Ayash, malgré les dangers d'une telle initiative. Mohamed Dahlan, chef de la Sécurité préventive dans la bande de Gaza, avait pourtant obtenu une trêve de Ayash.

bord de l'éclatement. Il est sans tête, ni à Gaza — ou Yacine et Rantissi sont sous les verrous — ni à Amman, un de ses leaders, Moussa Abou Marzouk, ayant été arrêté aux États-Unis en juillet 1995. La dispersion des politiques ouvre la voie à leur instrumentalisation par leurs hôtes. En Jordanie, le roi Hussein pense tenir un atout pour embarrasser son frère ennemi Arafat. Pourquoi ne pas tenter de contrôler la direction du Hamas ? Le petit roi a rompu en 1988 avec l'autre rive du Jourdain que ses services administraient jusqu'à sa conquête par Israël en 1967, mais au fond de lui, y a-t-il vraiment renoncé ?

Il lui faut des leaders. Ses services de renseignements font rentrer Khaled Meshal du Qatar et proposent aux Américains d'accueillir Ibrahim Abou Marzouk, dont les Israéliens réclament l'extradition. À l'ombre de son sceptre, Hussein pense pouvoir les contrôler.

Aux élections israéliennes de 1996, le souverain hachémite avait « voté » Netanyahou. Le monarque avait peu goûté l'opération « Raisins de la colère » menée au Sud-Liban par Shimon Peres, premier ministre candidat à sa succession, et partisan de la création d'un État palestinien. Pour consolider l'OPA, il manque une pièce essentielle, la tête du mouvement, sheikh Yacine, toujours emprisonné dans l'État hébreu. Le souverain envoie un message à Netanyahou, réclamant la libération du vieil homme[1]. En échange, le roi s'engage à ce que le Hamas stoppe ses attentats anti-israéliens. Pour une raison encore inconnue, Netanyahou ne recevra jamais le message du roi, et, deux jours après, le Mossad tentera d'assassiner, en pleine rue d'Amman, Khaled Meshal avec une seringue empoisonnée. L'opération tourne au fiasco. Hussein se sent trahi par son « ami » Danny Ayalon, le chef du Mossad qu'il connaît de longue date. Il exige un contre-poison pour sauver Meshal et la libération de Yacine. Ce dernier rentre finalement triomphalement au bercail, après une longue tournée dans les pays arabo-musulmans. Cette aventure rocambolesque sonnera le glas de la récupération jordanienne du Hamas. Dans ce jeu de billard à trois bandes, Arafat n'aura été qu'un spectateur impuissant. « Nous ne cessions de dire à la CIA qu'ils devaient s'intéresser davantage à la Jordanie, explique un ancien responsable de la sécurité palestinienne, mais ils nous répondaient qu'il n'y avait aucun souci à se faire avec leur protégé Hussein. »

Entre-temps, à Gaza, le Hamas a pris conscience du danger à jouer la politique du pire. La

1. *The Palestinian Hamas, vision, violence and coexistence.* Shaul Mishal, Abraham Sela. Columbia University Press (2000).

plupart des leaders sont en prison. Le débat au sein de la direction du mouvement devient intense. Responsable des contacts entre Arafat et les détenus intégristes, Ghazzi Hamad, aujourd'hui rédacteur en chef de *Ressalat*, un hebdomadaire proche de la mouvance fondamentaliste, les résume ainsi : « Pour quel profit devait-on entrer en conflit ouvert avec Arafat ? Pour déclencher une guerre civile ? Non c'est la ligne rouge pour le Hamas. » Du fond de leurs geôles, les islamistes prônent la modération. Sheikh Yacine, libre désormais, accède au conseil des dirigeants de la mouvance des Frères musulmans, notamment de Hassan Tourabi, au Soudan. La consigne : coexister avec Arafat. Le peuple désavouerait ceux qui entravent l'accomplissement du rêve palestinien, avoir un État. Le Hamas de l'intérieur se soumet.

Le travail patient d'Arafat finit par payer. Il réussit à convaincre les islamistes d'adopter une « violence contrôlée ». Pour maintenir le calme et ne pas compromettre d'éventuelles avancées vers la paix, des « accords partiels » sont conclus entre les deux camps à deux moments cruciaux : avant les élections israéliennes de mai 1999, pour ne pas gêner la victoire d'Ehoud Barak, et pendant les négociations de Camp David en juillet 2000, même si le Hamas s'y oppose verbalement.

Le 27 avril 1999, la participation de sheikh

Yacine et de trois autres membres de la direction locale à la réunion du Comité central de l'OLP consacre ce rapprochement. C'est une première dans les relations entre les mouvements rivaux. Pour la branche intérieure, elle vaut reconnaissance d'Arafat comme le leader de l'Autorité palestinienne, malgré l'opposition des radicaux de Damas. Un an plus tard, le dialogue enregistre un autre progrès. Au printemps 2000, l'Autorité et le Hamas s'entendent sur une participation de ce dernier à un futur État palestinien, issu de négociations [1].

À cette époque, les publications du mouvement mettent l'accent sur « l'établissement d'une société civile pourvue d'institutions garantissant le pluralisme, le respect des droits de l'homme, la souveraineté de la loi et la lutte contre la corruption ». Les priorités visent à influer sur la nature de cet État. À l'instar des Frères Musulmans jordaniens ou égyptiens, une prise du pouvoir par les institutions étatiques semble privilégiée.

Le Hamas refuse de participer à une Autorité née dans le « péché d'Oslo », mais pas à un État, surtout s'il est le fruit d'une résistance opiniâtre

1. Entretiens avec Ismael Abou Shanab, un porte-parole du Hamas à Gaza, le 19 janvier 2002 à Gaza, et avec Ghazzi Hamad, rédacteur en chef de *Ressalat*, à Gaza le 16 décembre 2001.

à laquelle les intégristes ont participé. « Je ne suis pas opposé à ce que des dirigeants islamistes deviennent ministres dans le gouvernement d'un futur État palestinien, explique sheikh Yacine. Nous avons contribué au combat. » Quant à la branche militaire, il en prédit la disparition avec la fin de l'occupation. « Quand l'occupation sera terminée, tout va changer. Le Hamas deviendra une organisation seulement politique. La branche militaire s'arrêtera de fonctionner. Elle disparaîtra. Elle n'a de raison d'être qu'en tant que moyen de résister à l'occupation. Ses opérations sont une façon de dire aux Israéliens que l'occupation a un coût[1]. »

L'Intifada ne semble pas avoir remis en question cette *aggiornamento* politique, largement ignoré. Pour les besoins de la lutte, de nouveaux « accords partiels » ont été conclus depuis septembre 2000. Ils se sont soldés par l'acceptation d'une trêve de la violence à l'intérieur d'Israël, à plusieurs moments importants du conflit où l'intérêt national était en jeu : après l'adoption du Plan Tenet en juin 2001, après les attentats terroristes du 11 septembre aux États-Unis et l'appel à l'arrêt des opérations armées dans l'État hébreu lancé par Arafat le 16 décembre 2001, en

1. Entretien de sheikh Yacine avec l'auteur, le 23 février 2002 à Gaza.

échange cette fois-ci du maintien en liberté de leurs leaders.

Comment les infléchir vers davantage de modération, si je les mets tous en prison ? C'est ce qu'Arafat ne cesse d'opposer à ses interlocuteurs américains ou européens qui exigent de sa part plus de fermeté à l'égard des intégristes.

Conditionnée souvent par des soucis tactiques, la validité des « messages reçus » par les fondamentalistes reste néanmoins fragile. Les attentats commis en leur nom pendant l'Intifada ont placé Arafat à chaque fois au bord du gouffre, en justifiant des représailles massives israéliennes. Le calendrier retenu pour l'opération de Nétanya, fin mars, montre clairement qu'en marge du dialogue, le Hamas n'a pas renoncé à sa stratégie anti-Fatah.

Ses frappes restent à double détente : d'abord contre « l'ennemi Israël », mais par leur *timing*, elles visent aussi le processus de paix, au cours des années 1995-2000, et depuis le début de l'intifada, Yasser Arafat. Au-delà du rapprochement lié à la conjoncture, chaque camp reste donc sur ses gardes. Si la coopération sécuritaire avec Israël — en d'autre termes la lutte anti-islamiste — est aujourd'hui mise entre parenthèses, ses principaux artisans proches du leader palestinien ne se cachent pas pour dire qu'ils n'auraient aucun mal à la reprendre, en cas de redémarrage des négociations de paix. Les dirigeants du Hamas ne l'ignorent pas.

Le Mouvement de la Résistance islamique se veut une alternative au pouvoir d'Arafat. Son entrisme dans les associations professionnelles est surveillé de près par le Fatah. Le chef de l'OLP, sûr de ses capacités manœuvrières, n'est pas inquiet de la montée en puissance de ses opposants. La communauté internationale — Américains en tête — lui reproche d'avoir gâché le bénéfice de son succès des années précédentes par la prolongation d'une Intifada qui a renforcé ses adversaires, un jeu dangereux qui finit par lui nuire. D'autant que la transformation du Hamas en parti classique d'opposition ne fait pas l'unanimité parmi ses dirigeants et que la lutte qui s'ouvrira tôt ou tard pour la succession de sheikh Yacine conduira à une surenchère, peu propice aux réformes.

De la destruction d'Israël à la trêve : vers un terrorisme de riposte ?

Quinze ans après sa fondation, le Hamas est à la croisée des chemins. Le renouvellement de sa capacité de nuisance coïncide paradoxalement avec l'adoption d'un pragmatisme politique et d'une certaine dose de modération dans son action armée contre Israël. Son évolution n'est pas sans rappeler celle de l'OLP dans les années 1980. Elle est due à la personnalité de son fondateur. Sheikh Yacine n'est ni l'ayatollah Khomeyni, ni sheikh Fadlallah, le guide spirituel du Hezbollah au Liban. Son ascendant sur le mouvement est d'abord politique, et non pas lié à une érudition théologique particulière qui l'enfermerait dans un corps de doctrine [1]. Si les islamistes palestiniens se sont rapprochés d'Arafat, c'est aussi qu'ils se sont rendu compte du besoin ressenti par la base d'être intégrée socialement au sein d'institutions étatiques [2] et de la nécessité de sortir du sectarisme.

Le Hamas a profité des ressacs du processus de paix. Il est un parti islamique exploitant le ressentiment dû à l'impasse politique et au manque de transparence dans la gestion de l'Autorité palestinienne. Mais l'adhésion populaire à son endroit est d'abord une adhésion par dépit et par défaut. Ce qui fait sa force et sa faiblesse. Certains dans l'entourage de sheikh Yacine déplorent l'absence d'un programme politique, clairement défini, en dehors d'une charte qui commence à dater.

---

1. Ziad Abu Amr, *Islamic Fundementalism in the West Bank and Gaza*, Indiana.

2. Laeticia Bucaille, *Gaza : la violence de la paix*, Presse de Sciences Po.

Pour être maintenu durablement et rester crédible, le cap du réalisme devra trancher une ambiguïté contenue dans cette charte — le Hamas veut-il détruire l'État d'Israël pour y faire revivre la Palestine historique, ou s'agit-il avant tout de rhétorique, destinée à préserver l'unité de la formation ?

Créé le 15 décembre 1987, une semaine après le déclenchement de la première Intifada, le Hamas entend réislamiser la société, lutter contre les injustices et redonner une dignité au peuple palestinien. Ironie de l'histoire : Israël encouragea son essor, dans l'espoir de contrer l'influence des nationalistes de l'OLP, considérés alors comme l'ennemi juré[1]. Émanation, puis véritable substitut, de la confrérie, beaucoup plus ancienne, des Frères Musulmans, son établissement marqua une rupture avec le passé. Même si, dès 1982, sheikh Yacine fonda une branche armée secrète (les Moujahidins palestiniens) et, trois ans plus tard, un service de renseignement interne (le Majd), pour lutter contre les collaborateurs et les comportements déviants (drogue, alcool), le guide spirituel

1. Entre 1967 et 1987, le nombre des mosquées passa de 77 à 160 dans la ville de Gaza, occupée par Israël. *Intifada*, Ze'ev Schiff et Ehoud Ya'ari, éditions Stock.

continua de privilégier l'enseignement (tarbiyeh) et la prédication (da'awa).

La première Intifada — et la concurrence qui naquit alors entre les formations palestiniennes dans le combat contre l'occupant israélien — offrit d'emblée un terrain d'action privilégié contre celui-ci. La révolte injecta un nationalisme militant qui faisait défaut au Mouvement.

L'article onze de la charte proclame que « la terre de Palestine est une terre islamique waqf pour toutes les générations de musulmans jusqu'au jour de la résurrection. Il est illicite d'y renoncer en tout ou en partie. »

L'objectif est la reconquête de « la terre usurpée par les Juifs », par « la diffusion de la conscience islamique parmi les masses locales » et le Jihad, la guerre sainte vue comme « une obligation religieuse qui incombe à chaque musulman ». Si l'objectif est clairement défini, les moyens pour y parvenir le sont moins. Cette imprécision illustrait dès le départ les divisions entre les fondateurs[1].

« L'action militaire est l'instrument de combat principal contre l'élément sioniste. En l'absence d'un plan inter-arabe et islamique général de libération. » « La résistance du Hamas contre l'occu-

1. Jean-François Legrain, *Les communiqués du soulèvement*, Cedej, Le Caire.

pation ne vise pas les Juifs en tant qu'adeptes d'une religion, mais contre l'occupation, et ses méthodes oppressives. » « Le champ de bataille [...] est limité aux territoires palestiniens occupés », sans préciser s'il s'agit de ceux conquis par l'État hébreu en 1967 ou l'ensemble des territoires de 1948.

L'examen des opérations anti-israéliennes à partir de sa fondation en 1988 est à cet égard riche d'enseignements[1]. Entre la première attaque, le 3 avril 1988, et le massacre d'Hébron, le 25 février 1994, le Hamas revendique 80 actions armées : 75 contre des soldats ou des colons, et cinq contre des civils, en riposte le plus souvent à des opérations israéliennes contre des leaders de la branche armée, comme Imad Akel, tué en novembre 1993.

Le premier attentat d'envergure contre des civils sur le territoire israélien a été perpétré le 6 avril 1994 à Afoula, en représailles à l'exécution de 29 musulmans en prière au caveau des Patriarches à Hébron par un colon d'une implantation voisine. Le Hamas, qui justifie ses « opérations » dans des communiqués publiés par sa branche militaire, prendra soin ensuite de présenter ses attaques comme des représailles à des actions israéliennes particulièrement violentes,

1. Site Internet du Hamas.

comme la liquidation de Yéhié Ayash, « l'artificier » du mouvement, de responsables politiques, Jamal Mansour et Jamal Salim, ou du militaire Mahmoud Abou Hounoud, des « provocations », comme le lancement de la colonie d'Har Oma sur la colline d'Abou Gneim en face de Bethléem ou les « massacres » dans les camps de réfugiés en mars 2002 par Tsahal et la réoccupation des villes palestiniennes qui suivit.

Certains observateurs n'hésitent pas à parler de terrorisme de riposte pour qualifier les actions récentes du Hamas. Ils n'excluent pas non plus à terme une réorientation de celles-ci vers « une résistance militaire » face à l'occupation, les cibles privilégiées devenant les colons et les soldats, plutôt que des civils, sauf « provocation » de la part d'Israël (assassinat d'un leader ou tuerie lors d'une incursion militaire en zone palestinienne).

Le Hamas pratique la surenchère dans ses ripostes, ce qui a tendance à occulter l'évolution de ses pratiques. Le choix des cibles et le calendrier des actions sont rarement laissés au hasard. À cet égard, les menaces proférées par le Mouvement contre Israël, après la liquidation en avril 2002 d'un de ses responsables militaires à Naplouse, responsable de la fabrication du missile *Kassam 2*, sont à prendre au sérieux. Le Hamas a promis « une réponse inhabituelle qui ébranlera l'entité sioniste ».

Au-delà de l'opprobre qui vise à l'enfermer dans le terrorisme islamiste, le Hamas est devenu un acteur politique de premier plan. Dans une interview au quotidien *Yédiot Aharonot*, le 9 mai 2000, Ami Ayalon, alors chef du Shin Beth « discernait une ligne de pensée pragmatique [...] qui tient compte du calendrier, et qui parfois fait montre de retenue sur les cibles à frapper ». Ayalon ajoutait même qu'il y avait « certainement une possibilité d'entamer un dialogue avec le Hamas ».

Malgré les crises qui l'opposèrent à un « ennemi » qui veut officiellement rayer l'État hébreu de la carte, Israël n'a jamais fermé la porte au Hamas. Il est piquant de relever que sheikh Yacine fut le prisonnier le mieux traité d'Israël[1] et que, le soir d'attentats particulièrement meurtriers, des responsables intégristes sont apparus sur les écrans de télévision israéliens.

Quatre mois après la création, en 1988, un de ses responsables, Mahmoud Zahar, présenta à Peres, ministre des Affaires étrangères à l'époque, un plan en quatre points pour trouver une issue à la première Intifada, dont le principal était l'engagement d'Israël à se retirer des

---

1. Entretien avec un délégué du Comité international de la Croix-Rouge qui rendait visite à sheikh Yacine, juillet 1996, Jérusalem.

territoires occupés en 1967, y compris Jérusalem-Est. En raison de la faible représentation du Hamas, la presse et la classe dirigeante israéliennes donnèrent peu d'écho à cette initiative. Sans grandes chances de succès, elle montrait toutefois que le mouvement se plaçait résolument sur le terrain politique, face a son concurrent, l'OLP, qui avait alors récupéré la révolte pour mieux la contrôler.

De nouvelles propositions seront formulées plus tard à l'État hébreu. Présentées souvent dans la foulée de violents attentats ou en période d'intenses négociations entre Arafat et Israël, elles avaient peu de chances de recevoir un accueil favorable. Elles tournent pour l'essentiel autour de l'idée d'une « houdna », une trêve de la violence entre les deux camps sur une durée à déterminer [1].

Si l'Intifada a officiellement relégué cette idée à l'arrière-plan, elle n'a pas disparu pour autant des objectifs du mouvement intégriste. En juin 2001, une nouvelle offre de trève a été présentée à un diplomate français à Damas, par une délégation du Hamas, basée en Syrie. Le mouvement intégriste proposa de mettre en « *stand-by* » la destruction d'Israël et d'accepter un arrêt des violences sur une longue période (dix ou vingt ans),

---

1. *Hamas, Political Though and Pratice,* Khaled Hroub, Institute for Palestine Studies, Washington. DC.

à deux conditions : la libération des prisonniers détenus dans l'État hébreu et le retrait des territoires occupés en 1967.

Pour le Hamas, cette idée de trêve lui permet de se positionner politiquement mais l'ambiguïté qui l'entoure en réduit la portée. Les islamistes ne parlent pas de paix avec l'État hébreu et surtout ils refusent de se défausser de leurs dernières cartes : la reconnaissance d'Israël. « Si mes fils dans vingt ans sont satisfaits de leur État palestinien en Cisjordanie et à Gaza, ce sera à eux d'en décider », affirme Ismael Abou Shanab, un de leurs porte-parole.

« En reportant à plus tard l'examen de cette question, les islamistes ne veulent pas donner l'impression de renoncer à leurs convictions », explique l'universitaire Ziad Abu Amr, spécialiste des intégristes palestiniens. C'est aussi une façon de ne pas ouvrir un débat délicat autour d'un des principaux points de divergence. Au sein du Hamas, le conflit entre une « solution historique » et une « solution temporaire » est ancien. Les partisans de la première approche prônent un État de la Méditerranée au Jourdain, en lieu et place d'Israël, et le Jihad pour y parvenir. Les seconds sont partisans d'un État sur les territoires occupés en 1967 et l'ouverture de négociations avec Israël pour y parvenir.

Le maintien de cette ambiguïté permet au

Hamas d'afficher une unité de façade, mais il limite la portée de ses initiatives et alimente les soupçons sur la duplicité de ses objectifs. Les spécialistes israéliens de la mouvance islamiste font remarquer que la stratégie du Hamas repose sur « la patience » et que chaque étape dans ses activités est déterminée en fonction d'intérêts précis. À l'image du Hezbollah après l'évacuation de Tsahal du Sud-Liban, les membres du Hamas pourraient invoquer telle ou telle revendication non remplie (le retour des réfugiés par exemple) pour continuer le Jihad. Ce flou entretenu arrange d'ailleurs les protagonistes : le Hamas fait l'économie d'une révision déchirante de ses objectifs et Israël y voit un argument pour nourrir sa rhétorique sécuritaire.

Entre un glissement vers un parti intégriste d'opposition et une évolution radicale de type Hezbollah pour maintenir le flambeau du Jihad contre l'État hébreu, le Hamas devra choisir tôt ou tard. À moins que la poursuite de l'occupation israélienne des territoires palestiniens ne lui évite ce douloureux face-à-face avec lui-même.

IV

L'appel aux armes

L'ERREUR DE LA MILITARISATION

Le 1er novembre 2000, le Fatah appelle à une journée de « grève générale et à une escalade contre l'occupant israélien ». Sans le dire explicitement, le communiqué du mouvement d'Arafat au sein de l'OLP annonce en fait le passage des pierres aux armes comme moyen de résister à l'État hébreu. L'Intifada va perdre son aspect populaire des premières semaines pour se transformer en une guérilla armée.

Les accrochages deviennent quasiment quotidiens autour de nombreuses agglomérations en Cisjordanie et dans la bande de Gaza. Sur les routes de la « Judée Samarie biblique », les colons commencent à avoir peur. Peu à peu, ils deviennent des cibles privilégiées pour les guérilleros palestiniens, sans provoquer toutefois un départ massif. Ironie de l'histoire : les autorités israéliennes avaient construit pour les colons des dizaines de kilomètres de routes de contournement, afin d'éviter le passage dans les localités palestiniennes. Un piège fatal qui se referme sur eux : les véhicules des colons sont des proies faciles pour les snipers palestiniens. Pour se défendre sur des voies de communications de moins en moins nombreuses, faute de soldats pour les protéger, certaines implantations créeront leur propre patrouille d'autodéfense, que Tsahal dissoudra de peur de dérapages.

En l'absence de stratégie claire quant aux cibles visées, l'option de la militarisation est considérée dans un premier temps comme une erreur commise par les Palestiniens. Il s'agit davantage d'une fuite en avant, dans la mesure où, sur le terrain, l'armée israélienne dicte les règles du jeu par le nombre de tués chaque jour. « Les funérailles appelant de nouvelles funérailles », selon l'expression de Shimon Peres, le ministre israélien des Affaires étrangères, ce n'est pas un hasard si ce dernier demanda à Barak de « donner quelques jours sans obsèques à Arafat pour qu'il puisse rétablir la situation ». Le Premier ministre et le chef d'état-major, le général Shaul Mofaz, refusèrent. La rue palestinienne s'en retrouva chauffée à blanc.

204 Palestiniens sont tués par des soldats israéliens entre le 28 septembre et le 2 décembre, dont 73 mineurs de moins de 17 ans, et 24 membres des services de sécurité. « Nous ne pouvions pas perdre dix enfants chaque jour, le coût humain était trop élevé. On devait passer à une autre stratégie », soulignent à l'unisson les responsables palestiniens.

Le grand nombre de victimes des premières semaines de la révolte légitime le recours aux armes. Nombreux sont les Palestiniens — et les Israëliens — à penser que l'adversaire ne comprenant qu'un seul langage, celui de la force, les armes doivent parler. L'exemple de la libération du Sud-Liban par une guérilla incessante est dans les esprits de tous ceux pour qui seules de lourdes pertes infligées à l'adversaire conduiraient à un retrait de leurs territoires, unilatéral ou négocié. À défaut d'être réfléchie, la militarisation de la révolte est d'autant plus aisée à assumer que les principaux détenteurs d'armes, les forces de sécurité et les Tanzim, sont reliés à la direction palestinienne, donc relativement contrôlables.

Au cours de ces premières semaines, ternies par des incidents dramatiques fortement médiatisés (lynchage à Ramallah de deux Israéliens, liquidation du petit Mohamed al-Dura), activistes palestiniens et soldats israéliens se nourrissent d'une soif réciproque d'en découdre. Entre le 28 septembre et le 2 décembre 2001, 16 soldats israéliens sont tués, 11 par des civils palestiniens et 5 par des membres des services de sécurité.

Pour l'universitaire palestinien Saleh Abdel Jawad, « Israël a exagéré l'importance des échanges de feu, créant l'impression, auprès des médias occidentaux, qu'un vrai conflit armé se déroulait désormais. En dépit de la colère de la population face aux tirs à partir de zones habitées, l'aura des tireurs embusqués augmentait dans le camp palestinien. Ceux qui tiraient depuis les zones habitées favorisaient une escalade militaire israélienne, mais, dans ses réponses, Tsahal renforçait de son côté les partisans de l'utilisation des armes comme riposte imposée à la violence. »

Chaque camp, tout en se déclarant favorable au dialogue, se laisse entraîner vers un précipice. À ce jeu inégal, les atouts des Palestiniens paraissent limités. Malgré les avertissements américains (« Vous ne pouvez tout simplement pas gagner grâce à la violence face aux Israéliens[1] »), Arafat laisse faire.

Dès lors que les violences se prolongent, l'appel aux armes est inscrit dans la logique du conflit. En redessinant une nouvelle géographie de l'affrontement, les accords d'Oslo semblent

1. Entretien avec un haut responsable du Département d'État, à Jérusalem le 31 janvier 2002.

rendre tout soulèvement populaire quasi impossible. Tout en se retirant des principales villes de Cisjordanie, l'armée israélienne n'a pas desserré son étau sur la population mais réduit le nombre des points de frictions possibles entre ses soldats et celle-ci. Pour l'État hébreu, un des avantages de ces arrangements, dont l'application fut régulièrement différée, résidait en l'octroi de l'autonomie aux hommes mais pas au sol. En septembre 2000, environ 80 % des Palestiniens vivent dans des villes autonomes, alors que les deux tiers de la terre restent contrôlés par Israël. À l'issue de cette nouvelle cartographie militaire, les points d'affrontements sont cantonnés aux barrages à la sortie des villes, où ont lieu les manifestations populaires du début de l'Intifada, comme l'intersection d'Ayosh à la sortie nord de Ramallah, ou à Kalandia sur la route de Jérusalem, au sud. Le recours à la pierre, l'arme par excellence de la première Intifada, devient caduque. La présence massive d'armes illégales dans les territoires, acquises au cours des années précédentes, accentuera la militarisation du soulèvement.

L'absence de stratégie de combat définie par Arafat favorise une dispersion dans les formes et les tactiques d'attaques : embuscades et tirs avec des armes légères et automatiques sur des positions militaires et des colons en mouvement, tirs à partir de voitures, tirs de snipers, attaques à la grenade, poses de mines antiblindés récupérées sur le champ de bataille ou produites localement. Ces assauts se soldent la plupart du temps par des pertes minimes infligées à l'adversaire. Pendant plus d'un an, les résistants ne brilleront pas au combat. Les seules réussites du point de vue militaire seront les attaques contre le poste de Marganit durant l'été 2001 et une incursion dans la colonie d'Alei Sinai, deux objectifs situés dans le centre et le nord de la bande de Gaza.

« La priorité n'est pas d'attaquer, mais de riposter. L'Autorité n'a qu'une stratégie réactive », souligne alors un expert européen dans la lutte antiterroriste. Arafat ne veut pas livrer toutes ses cartes.

L'escalade dans la répression, illustrée par le recours fréquent aux hélicoptères *Apache* et aux avions de combat *F-16* en riposte à des attaques ou des attentats palestiniens, va peu à peu infléchir la donne. Les activistes commencent à perfectionner leur stratégie. Les filières de la contrebande d'armes se renforcent ainsi que la récupération d'explosifs.

Ceux qui détiennent un certain savoir-faire au combat — le comité technique du Fatah par exemple — ne sont pas envoyés au front, mais des passerelles existent. Le mouvement d'Arafat, nul ne doit l'oublier, a initié la formation des combattants du Hezbollah à la fin des années 1970, au Liban. Des experts sont sollicités pour fournir un appui logistique aux groupes armés. La plupart des mortiers tirés par les résistants proviennent des entrepôts du Fatah. Lorsque le général Abdel Mouti Sabaoui, numéro deux de la police civile à Gaza, meurt en déminant une bombe, au début de l'année 2001, de nombreux graffitis saluent la disparition de « l'ingénieur de l'Intifada ». La machine servant à la fabrication des mortiers avait été confisquée à la fin des années 1990 à des factions opposées à la paix avec Israël.

Le vrai tournant date du 15 février 2002. Ce jour-là, au terme d'une embuscade bien préparée, une charge explosive de plus de 70 kg détruit sur une route du centre de la bande de Gaza un tank *Merkava III*, de soixante tonnes, doté d'un canon de 120 millimètres, de trois mitrailleuses et d'un mortier (Israël se refuse à exporter cet engin afin de ne pas divulguer sa technologie). Trois soldats israéliens sont tués dans l'attaque.

Les activistes connaissent parfaitement les répercussions d'une telle opération sur la société israélienne. En quinze ans de lutte, les combattants chiites du Hezbollah, aidés militairement par l'Iran, n'ont pas réussi une telle prouesse au Sud-Liban. « Il faut reconnaître que les Palestiniens ont fait des progrès », reconnaît Benjamin

Ben Eliezer, le ministre de la Défense. L'armée israélienne se méfie, depuis des mois, d'attaques contre ses hélicoptères. Lors de leurs missions de bombardement, les avions israéliens utilisent des leurres thermiques. Des mesures de sécurité sont prises dès l'été 2001 à l'aéroport Ben Gourion, près de Tel-Aviv, pour contrer une attaque au missile *Strella* sur un avion au décollage. En revanche, les stratèges israéliens n'imaginent pas que les activistes seront capables de détruire un char. Contrairement au Sud-Liban, Tsahal n'a pas dépêché dans la bande de Gaza ses *M-113* modernisés et surblindés, équipés d'un système de déclenchement de charges explosives à distance[1]. L'armée a tiré la leçon et s'apprête à sortir des *Merkava IV* de ses usines.

Si un saut qualitatif a été franchi dans les actions conduites par certains activistes, sa portée reste limitée. Qu'il s'agisse du policier trafiquant d'armes qui appelle son fournisseur sur un portable facilement détectable par Israël ou du résistant qui reçoit sans précaution un véhicule piégé, l'amateurisme a constitué une caractéristique des combattants palestiniens au cours de cette Intifada. « L'avantage est toujours laissé à l'adversaire qui excelle dans ce domaine, observe un expert européen des questions de sécurité. Pas un seul

1. *Raids. Israël-Palestine*, Hors-série, numéro 2.

missile antichar par exemple n'a été lancé par les Palestiniens durant les ratissages des villes autonomes par Tsahal. Les combattants ont gardé l'héritage des guérilleros. Ils attendent. L'élément surprenant est qu'à côté de l'absence de prévisions de la direction palestinienne à moyen terme, les activistes ont fait preuve d'une capacité d'adaptation aux événements assez importante. C'est typique d'une mentalité d'hommes de guérilla. »

Le 15 février, Tsahal s'est prise elle-même au piège du conflit. Pour réaliser leur opération, les activistes ont récupéré une bombe larguée par un *F-16* quelques semaines plus tôt[1]. Ils ont construit un chaudron qu'ils ont dissimulé le long de la route avant de s'exfiltrer sans encombre. Contrairement à leur mentor du Sud-Liban, ils n'ont pas utilisé de système de télécommande à distance, en raison du relief plat à l'endroit de l'embuscade. À la place, ils ont eu recours à la « mastara », un dispositif artisanal bâti autour de deux règles parallèles séparées d'une sorte de gomme et reliées à l'engin explosif.

Vont-ils rééditer cet exploit ? Un mois après, un nouveau *Merkava III* est détruit dans une action revendiquée par le Front populaire pour la

---

1. Entretien avec un activiste dans la bande de Gaza qui a souhaité garder l'anonymat, 24 février 2002.

libération de la Palestine, un mouvement qui est passé ainsi des explosions ratées de voitures piégées à Jérusalem-Ouest à la destruction d'un fleuron de Tsahal. Les résistants là aussi ont récupéré une bombe qui n'a pas explosé. Ces coups d'éclats font comprendre à certains activistes de Gaza que les cibles militaires ont un impact plus important sur l'opinion israélienne que des attentats en plein cœur de Tel-Aviv.

Pour la première fois, l'option de la militarisation d'un conflit de basse intensité s'avère payante, dès lors que les cibles retenues ne sont pas des civils. La guerre d'usure porte ses fruits face à une armée appelée à intervenir sur plusieurs fronts et dont les ressources en hommes, en particulier les commandos d'élite, ne sont pas illimitées. Mais, là encore, les choix opérés sont beaucoup trop tardifs pour peser réellement sur le cours de la révolte et, dans le contexte de l'après-11 septembre, les attentats suicides à répétition ont fini par brouiller les acquis des actions ciblées. Arafat ne tranchera jamais.

L'Autorité palestinienne, comme ses adversaires intégristes, est consciente du rapport des forces militaires sur le terrain. L'absence de résistance aux incursions meurtrières de Tsahal en mars et avril 2002 l'a démontré. Face aux unités de combat israéliennes qui, en quelques jours, peuvent réoccuper tous les territoires, le combat classique leur serait fatal, faute de pouvoir recevoir une aide extérieure et en l'absence d'armement lourd sur un puzzle territorial.

Face à la douzaine de divisions blindées et à plus de 3 800 chars israéliens, les 45 véhicules blindés *BRDM-2* fournis par la Russie en 1995, la dizaine de lance-roquettes multiples tractés de 122 mm, et autant de lance-missiles antichars *Sagger* ne pèseraient pas lourds[1].

Le reste de l'armement palestinien vient de la contrebande en provenance d'Égypte — via les tunnels de Rafah ou par la mer — et de Jordanie, mais aussi du trafic d'armes avec des marchands et des soldats israéliens, relancé par l'Intifada.

MAHMOUD, LE POLICIER TRAFIQUANT

Le commerçant sort de son arrière-boutique une mitraillette, modèle Carlo, et la propose pour 1 400 dinars jordaniens (2 000 euros) à son client, un Palestinien lié aux services de sécurité. « Un peu cher », proteste ce dernier en insistant sur les points faibles de ce type d'arme et sur la marge qui lui reviendrait.

Voyant qu'un compromis paraît impossible, le commerçant mentionne alors qu'il a reçu un cer-

1. *Raids. Israël-Palestine*, Hors-série, numéro 2.

tain nombre de fusils d'assaut *M 16* flambant neufs, à vendre 3 000 dollars pièce (3 500 euros). Le client se montre immédiatement intéressé. Mais, par acquit de conscience, il fait répéter l'offre à son interlocuteur. Il sort des billets de sa poche et ordonne au vendeur de lui réserver l'intégralité du stock de *M 16*. Marché conclu par une poignée de main. On se met d'accord sur le partage du gâteau : le commerçant empochera 500 dollars par pièce vendue et son client le reste[1].

Les arrière-boutiques de Naplouse ne recèlent pas que du savon et du *knafeh*, les deux spécialités locales. Le marché illégal des armes prospère dans la grande ville du nord de la Cisjordanie. Un marché lucratif, alimenté pour l'essentiel depuis Israël, et encadré par des éléments proches du pouvoir palestinien, responsables de certains services de sécurité ou membres du Fatah.

Amorcé à la fin de la première Intifada, le trafic d'armes entre Israël et les territoires palestiniens se développe après les accords d'Oslo et l'installation de l'Autorité palestinienne. La population, ne sachant pas de quoi demain sera fait, préfère souvent acquérir une arme au marché noir. La législa-

---

1. Ces informations ont été livrées à l'auteur par un journaliste palestinien qui n'a pu publier son reportage dans la presse locale.

tion israélienne, assez souple sur les ports d'armes, facilite la contrebande. Les autorités de l'État hébreu semblent fermer les yeux sur un commerce illégal qu'elles n'ignorent certainement pas, au moins jusqu'aux émeutes du Tunnel, en septembre 1996[1]. La mort de quinze soldats en trois jours d'affrontements avec les policiers d'Arafat fait alors prendre conscience du danger, mais l'écoulement des armes ne s'interrompt pas pour autant. Depuis le début de l'Intifada, la filière d'approvisionnement en armes via Israël est restée la principale source des activistes palestiniens.

De nombreux Israéliens sont impliqués : des Arabes israéliens, des trafiquants de drogue, des criminels, des membres de la mafia russe et même des soldats. La presse se fait brièvement l'écho de ces trafics d'armes. Le 1er janvier 2002, un officier et un réserviste ont été inculpés à Beersheva (sud) pour avoir vendu à un Palestinien de la bande de Gaza 4 000 balles pour 4 000 shekels (1 200 euros) et avoir tenté d'en écouler 10 000 autres. Pendant l'été 2000, un officier posté dans une base près de Beit Shean (au nord) aurait vendu également plusieurs dizaines de fusil d'assaut à des Palestiniens de Jénine et de Tulkarem.

1. Entretien avec un responsable européen chargé de la lutte antiterroriste, Jérusalem, le 15 décembre 2001.

L'argent n'ayant pas d'odeur, les trafiquants ne sont pas regardants sur l'identité du destinataire. Un habitant de Nétanyah est ainsi soupçonné d'avoir livré des armes à Raed al-Karmi, « ennemi » d'Israël, à la tête des brigades al-Aqsa de Toulkarem, liquidé par Tsahal. Des colons, dans la bande de Gaza notamment, sont aussi soupçonnés de tremper dans le trafic au profit des Palestiniens.

À Naplouse, c'est un secret de polichinelle : chaque foyer ou presque du camp de réfugiés de Balata, à l'entrée de la ville, possède une arme. Les incursions militaires de Tsahal au printemps sont loin d'avoir asséché les arsenaux. Un antagonisme socio-culturel oppose le camp à la ville. Posséder une arme à Balata est une précaution à la fois contre les colons, contre les unités spéciales, ces soldats déguisés en arabes qui pourchassent les activistes, mais aussi contre la police palestinienne qui souhaite mater un camp rebelle.

Naplouse compte environ une vingtaine de marchands d'armes, essentiellement des commerçants et des membres des services de sécurité, ces derniers servant d'intermédiaires et de protecteurs aux distributeurs. Trafiquants et intermédiaires recourent à des messages téléphoniques codés pour leurs rendez-vous dans les venelles du camp.

Mahmoud, 32 ans, un ancien policier blessé en

2001, s'est lancé dans la contrebande en 1995, peu après son entrée dans la police civile. Activiste de la première Intifada, il purgera ensuite quatre ans de prison en Israël : des états de services qui lui permettent de bénéficier de la protection de cadres au sein du Fatah.

Il habite avec ses parents une maison que l'on atteint par un entrelacs de ruelles. Après quelques cafés à la cardamone et la confiance instaurée avec son interlocuteur, il lève le masque. Faire du trafic d'armes n'est pas vu comme une activité infâme. Depuis des lustres, les Bédouins sont des spécialistes. Qu'ils soient en Palestine, dans le désert entre la Jordanie et l'Arabie saoudite ou dans les sables du Néguev, entre l'État hébreu et l'Egypte, personne ne les en a jamais vraiment empêchés, et, dans certains villages, des membres de familles tout à fait honorables sont connus pour écouler des armes de contrebande.

Les clients de Mahmoud sont des gens ordinaires, désireux de pouvoir se défendre en cas de conflit de voisinage ou de querelles de clans, des conflits fréquents dans un contexte de délabrement des institutions pré-étatiques, mais aussi des membres des forces de sécurité, qui veulent disposer d'une arme d'appoint à la maison.

Avant l'Intifada, Mahmoud écoulait entre vingt et trente pièces chaque mois, des pistolets surtout, Uzi, Galil, Beretta. De quoi améliorer l'ordinaire d'un policier payé 1 025 shekels (240 euros). Soucieux de diversifier ses fournisseurs, il se rendait régulièrement chez un proche des services de sécurité à Ramallah. Il y allait encore en bus les premières semaines de la révolte. Il posait son sac à l'avant sur le toit, et s'asseyait à l'arrière du car. La multiplication des barrages militaires israéliens a rendu l'exercice très risqué.

Désormais, les Israéliens juifs ne peuvent plus se rendre à Naplouse. L'un d'eux avait l'habitude de livrer régulièrement Mahmoud dans le quartier de Rafidia. Il a été arrêté par la police israélienne il y a quelques années. Il disposait d'une véritable fabrique artisanale de revolvers près de Tel-Aviv. Mahmoud désormais ne peut plus compter que sur des Arabes israéliens, mais il se méfie. Les services de renseignements les utilisent parfois pour piéger leurs livraisons et liquider des activistes.

Six mois après le déclenchement de l'Intifada, Mahmoud et deux acolytes se sont fait livrer une voiture d'un habitant d'Oum el-Fahm, une ville arabe en Israël, avec lequel ils étaient en liaison d'affaires depuis longtemps. Le fournisseur cette fois-ci leur proposa également des explosifs que les trois complices pensaient revendre à des activistes.

Le lendemain, l'Arabe israélien téléphone à

l'un des trois Palestiniens et lui dit : « Vérifie l'engin. Il y a un papier dessous, tu dois l'enlever. » Mahmoud, mis au courant de cet appel hésite mais son acolyte l'assure qu'il connaît bien le marchand et qu'il n'y a aucune raison de s'inquiéter. Ce dernier retire le papier, il est déchiqueté dans l'instant. Mahmoud, lui, est grièvement blessé.

Mahmoud ne peut plus accomplir son devoir de policier mais il continue la contrebande. Intifada oblige, il a fallu s'adapter aux nouvelles conditions du marché. Depuis le déclenchement de la révolte, le volume des transactions a ralenti et la demande a changé. Elle porte surtout sur des fusils d'assaut *M 16*, et non plus sur des pistolets. Le souci de protection est plus fort. Les affaires restent tout de même très rentables. Mahmoud dégage entre 400 et 600 dollars de bénéfice sur chaque pièce vendue. La hausse des prix compense la rareté des ventes. Un *M 16* se vend maintenant 4 000 dinars (soit 6 000 euros), contre 2 000 avant l'Intifada.

Cette prolifération d'armes n'est-elle pas incontrôlable ? « Ces armes ne vont qu'aux gens dont on est sûr qu'ils soient proches du Fatah ou des forces de sécurité, jure Mahmoud. Elles ne sont pas livrées aux islamistes, ce serait trop dangereux. » D'où la nécessité d'encadrer autant que faire se peut le marché, grâce à des proches des centres du pouvoir. L'homme reconnaît les vices du système, mais assure que cette anarchie est liée à la poursuite de l'occupation et qu'après la naissance d'un État palestinien, il renoncera à son trafic.

En 1998, des incidents éclatèrent entre deux clans rivaux de Balata puissamment armés. Le chaos régna pendant plusieurs jours. La police n'osa pas s'aventurer dans le camp. L'Autorité palestinienne tenta alors de passer à l'action. Une vingtaine de membres des services de sécurité ayant trempé dans la contrebande furent arrêtés. Mais, faute de pouvoir les confisquer par la force, les policiers durent se résigner à racheter certaines armes. La campagne se limita à la neutralisation de quelques lampistes.

Malgré les engagements pris par Arafat dans les accords signés à Wye Plantation en octobre 1998, la collecte des armes illégales ne fut pas systématique ni en Cisjordanie ni dans la bande de Gaza. Depuis le début des violences, l'Autorité palestinienne n'a pas freiné la contrebande, ni même l'embryon de la production locale d'armements. À Gaza, des kalachnikovs, appelés *doshkas*, sont mis au point par de petits fabricants. À Ramallah, un membre de la Force 17 fabrique des chargeurs. Les dirigeants israéliens accusent également l'Autorité de superviser la fabrication de mortiers, au travers du « comité opérationnel » — responsable, lors de la guerre civile au Liban, de la fabrication d'armements militaires.

La confiscation des armes détenues illégalement est l'une des exigences imposées aux Palestiniens par le rapport Mitchell, accepté par les deux parties en juin 2001 pour sortir de la crise. Déjà difficile dans un contexte d'occupation prolongée, l'opération relève de la gageure alors que l'infrastructure des services de sécurité palestiniens a été détruite.

Filières clandestines proche-orientales

Face à l'armée la plus puissante du Proche-Orient, les activistes palestiniens ressentent le besoin, dès les premiers mois de l'Intifada, de se procurer des armes, en dehors des circuits d'approvisionnement classiques dans l'État hébreu. Trois filières existent : à partir du Liban, par la frontière ou par la mer, via le territoire jordanien en franchissant le Jourdain, et depuis l'Égypte à travers les tunnels de Rafah et la Méditerranée. Elles ont permis d'acheminer des armes dans le passé, mais en quantité très réduite, deux des capitales voisines d'Israël, Amman et Le Caire, ayant conclu la paix avec l'État hébreu.

La priorité a été d'abord d'organiser des réseaux, de recruter des hommes qui acceptent de prendre des risques compte tenu des restrictions imposées par Israël et la Jordanie, et d'assurer une couverture pour le financement de la contrebande.

Fin janvier 2001, se tient à Beyrouth une conférence de soutien à l'Intifada à laquelle participent Moussa Abou Marzouk, un représentant du Hamas à Damas, Ali Akbar Mochtashémi, un des architectes de l'implication iranienne dans la guerre au Liban dans les années 1980, Ghazzi Husseini, un membre du Fatah proche des islamistes, et plus de 400 dignitaires venus du monde arabo-islamique.

Une nouvelle organisation pour « la libération de Jérusalem et de la mosquée al-Aqsa des mains de l'ennemi sioniste » est fondée à cette occasion. Elle est dirigée par Abou Marzouk et se fixe comme objectif d'être « une alternative aux organisations arabes existantes qui traitent de la question de Jérusalem ». Mochtashémi — auquel il ne reste plus qu'un bras et deux doigts à l'autre main, après avoir reçu une lettre piégée du Mossad quand il était ambassadeur à Damas dans les années 1980 [1] — rencontre sheikh Hassan Nasrallah, le numéro un du Hezbollah, auquel il promet l'appui de l'Iran « à la résistance palestinienne tant que celle-ci n'aura pas récupéré ses droits ».

1. Entretien avec l'auteur à Téhéran, le 17 février 2000.

Du 23 au 25 avril 2001, une nouvelle conférence de soutien à l'Intifada a lieu cette fois-ci à Téhéran : Faisal Husseini, responsable du dossier de Jérusalem au sein de l'Autorité et frère de Ghazzi, Salim Zaanoun, président du Conseil national palestinien, Hossam Khader, député de Naplouse représentent les Palestiniens. Y participent également les responsables des principales organisations palestiniennes du front du refus à la paix avec Israël basées en Syrie : Ahmed Jibril, chef du Front populaire pour la libération de la Palestine-Commandement général (FPLP-CG), Khaled Meshal, chef du bureau politique du Hamas et Ramadan Shallah pour le Jihad. Officiellement, il ne s'agit que de discussions politiques.

Les premiers convois d'armes clandestines sont déjà parvenus dans les territoires palestiniens. Trois bateaux, acheminés par le FPLP-CG, ont livré leurs cargaisons au large de Gaza[1]. Les armes sont destinées à toutes les factions. Quelques mois plus tard, début mai, un autre bateau du même commanditaire, le *Santorini*, avec à bord des missiles antitanks et des mortiers, sera intercepté par l'armée israélienne.

Officiellement l'Autorité palestinienne demeure

1. Entretien avec des membres du FPLP-CG en Cisjordanie, le 20 février 2002.

réservée, sinon critique, face à ces marques de solidarité. Le 2 février 2001, dans un article intitulé « Ceux qui marchandent Jérusalem », l'éditorialiste du quotidien *al-Hayat al-Jadida*, proche du pouvoir, écrit : « Ces conférences ont seulement pour but de faire de l'ombre à la lutte du peuple palestinien. Elles visent à donner l'impression que les dirigeants de certains pays arabes sont hostiles à Israël. Si les intentions étaient sincères, l'argent investi dans de telles conférences aurait été plus utile à la lutte de leurs parents à Jérusalem. »

Sur ce dossier également, il n'y a pas de consensus entre les responsables palestiniens. Arafat n'a sans doute jamais donné d'ordres explicites pour commander des armes, mais il n'ignore certainement pas que des circuits d'approvisionnement se mettent en place. « L'Autorité n'a pas créé un organisme spécial chargé d'acheter des armes. Arafat a pu dire à ses proches : “Débrouillez-vous.” Chacun a pu interpréter le message comme il l'entendait », explique un analyste, proche de la plupart des protagonistes.

L'affaire du *Karine A*, ce bateau arraisonné par la marine israélienne en mer Rouge qui transportait cinquante tonnes d'armes défensives, destinées selon Israël aux Palestiniens, a été gérée d'une manière incohérente par Arafat et ses proches. Des zones d'ombre subsistent, mais l'implication de fidèles du chef de l'OLP est avérée.

À défaut d'être les instigateurs du trafic d'armes, pour éviter d'être débordés, des membres de l'Autorité palestinienne vont tenter d'organiser la répartition des pièces clandestines entre les factions engagées dans le combat. « Une sorte d'accord tacite a été conclu entre l'Autorité et le Hamas. Les explosifs et les armes légères sont destinés aux islamistes. Les armes lourdes, comme les roquettes antichars, sont pour le pouvoir », ajoute l'expert. Chaque camp se voit ainsi confier, sans contrôle de la Direction, un secteur de la résistance : les attentats en Israël pour les intégristes et les attaques armées contre les colons et soldats par les Tanzim.

Le financement de la contrebande est assuré en grande partie par le Hezbollah, et donc par l'Iran, son bailleur de fonds. Au sein de l'Autorité, ce sont surtout des cadres de second rang qui ont été impliqués : des anciens officiers de l'Armée de libération de la Palestine qui, de retour dans les territoires palestiniens, ont été intégrés dans des mairies ou à des échelons intermédiaires des forces de sécurité. Ils ont gardé des contacts avec des membres de l'OLP restés à l'étranger.

Entre le Liban et Israël, la plupart des armes de contrebande sont des explosifs destinés aux opérations suicides et des mines à effet dirigé, déposées sur le bas-côté des routes contre des convois militaires israéliens. Une famille libanaise, membre du Hezbollah, habitant un village sur la frontière, est chargée du dossier logistique. Des responsables du Fatah restés à Beyrouth ont été sollicités. Le Hezbollah, qui tente d'infiltrer certains camps de réfugiés palestiniens au Liban, bénéficie de complicités de l'autre côté de la frontière en Israël. Ce sont en majorité des Palestiniens d'Oum el-Fahm, de Taybe et Nazareth, restés dans leurs villages en 1948 à la création d'Israël, ainsi que des Druzes vivant près de la frontière. Les services de sécurité de l'État hébreu ont démantelé certains réseaux en Galilée, mais ils n'ont pas tari la source. Le règlement financier peut s'effectuer sur un compte bancaire domicilié à Chypre ou à Malte. Le Hezbollah tente également d'infiltrer les quelques centaines d'anciens collaborateurs libanais d'Israël qui ont quitté le Sud-Liban en mai 2000, au moment du retrait de Tsahal. En échange d'une aide, le Hezbollah leur fait miroiter une réduction de peine de prison s'ils décident de rentrer au Liban.

L'essentiel de la contrebande d'armes parvenu aux activistes palestiniens passe par la frontière jordano-israélienne. Expédiés par des hommes de main proche du Hezbollah, les convois partent du Sud-Liban. Grâce aux passeurs qui ont une longue expérience des trafics en tout genre, ils trompent la vigilance des casques bleus des Nations unies, avant de pénétrer en territoire syrien et d'arriver au nord de la Jordanie à la zone montagneuse des trois frontières (entre la Syrie, la Jordanie et Israël), à la confluence des fleuves Jourdain et Yarmouk. Dans cette région, l'armée jordanienne a renforcé ses bataillons, mais les passeurs parviennent à déjouer ses contrôles. Les experts n'excluent pas que des soldats jordaniens, mécontents de la mollesse du soutien apporté par Amman à l'Intifada, aient pu être achetés par les trafiquants. La réussite des passages implique une complaisance des services de renseignements syriens.

Une dizaine de réseaux de trafiquants d'armes opère en Jordanie. Le roi Abdallah est embarrassé par leur présence, mais il doit composer sur ce dossier délicat. La population à majorité palestinienne ne considère pas les livraisons d'armes à destination d'une résistance comme des actes criminels. De son côté, le régime lié par un traité de paix avec Israël se doit pourtant de montrer un minimum de détermination. Une position une nouvelle fois inconfortable pour Amman qu'un durcissement du conflit ne ferait qu'aggraver.

L'un de ces réseaux est composé de cinq hommes. Le cerveau est Khalil, 46 ans, commerçant, habitant Irbid dans le nord de la Jordanie, mais palestinien d'origine. Il compte deux autres Jordaniens d'origine palestinienne habitant Irbid : Bilal, cadre dans une entreprise, et Youssef, électricien. Les deux autres complices sont Mauti, résidant au Liban, et Abou Dib, un policier palestinien de Cisjordanie.

Au cours d'une conversation téléphonique, en décembre 2000, trois mois après le début de l'Intifada, Khalil propose à Abou Dib de lui fournir des armes automatiques et des explosifs pour mener des attaques en Cisjordanie contre l'armée et les colons israéliens. Khalil est un ancien cadre du Fatah qui suivit la résistance palestinienne au Liban, après son exil du royaume hachémite en 1970, avant de rentrer en Jordanie quelques années plus tard. Pour lui, livrer des armes à ses frères palestiniens n'a rien de délictueux.

Parmi les contacts qu'il a maintenus au Pays du cèdre figure Mauti, un réfugié palestinien, qui sera le contact avec le Hezbollah. Les deux hommes se rencontrent à Damas un mois plus tard en janvier. Mauti transmet à son interlocuteur les plans et les photographies d'une cache située dans le village jordanien de Safaoui à la jonction des frontières irakienne, syrienne et jordanienne, où sont stockés des explosifs de type TNT et C4 — un explosif militaire de fabrication américaine — et des détonateurs. À son retour en Jordanie, Khalil se rend à Safaoui récupérer le butin dissimulé dans un trou percé en face du puits d'eau numéro 109. Il a reçu consigne de Mauti de transférer le matériel à 25 kilomètres au nord d'Amman dans une forêt de Jérash, surnommée ironiquement la forêt de De Gaulle, après la guerre des Six-Jours en 1967.

Khalil photographie ce dernier emplacement. Les clichés doivent être transmis à ses deux complices Bilal et Youssef qui seront chargés, le moment venu, du transport des armes vers le Jourdain. D'ici là, une seconde livraison doit arriver. En février, Khalil retourne en Syrie rencontrer Mauti. Ce dernier lui fournit les photos d'une cache, située toujours à Safaoui, où ont été entreposées de nouvelles pièces. Mauti lui demande de les enterrer à trois emplacements différents sur la route entre Amman et l'aéroport de la reine Alya à 25 kilomètres de la capitale jordanienne. Quelques jours après, Khalil se rend à Safaoui. La deuxième livraison est plus importante : trois roquettes RPG, 5 pistolets et autant de silencieux, 40 kilos d'explosifs C4, deux kalachnikovs, des munitions, 30 grenades à main et quelques détonateurs. Khalil achemine une partie de la livraison dans une carrière abandonnée sur la route de l'aéroport. Le reste est dissimulé provisoirement dans la ferme de la sœur d'un de ses complices près d'Irbid. Jusque-là, tout se passe conformément aux prévisions.

En avril, Khalil prend une nouvelle fois le chemin de Damas et remet à Mauti les photos de la carrière près de l'aéroport. Khalil reçoit comme instruction de transférer les armes entreposées dans la ferme jusqu'à la cache dans la forêt de De Gaulle en vue de leur passage en Cisjordanie. Peu après, le 10 juin, Khalil appelle Abou Dib en Cisjordanie pour lui signaler que l'arsenal est prêt à être livré. Il faut choisir le meilleur emplacement sur le Jourdain. Au nord, la surveillance armée est importante. Plus au sud, le fleuve est assez étroit et l'accès aux territoires palestiniens est proche. Abou Dib répond qu'il va envoyer un de ses amis, policier lui aussi, repérer le point de passage sur le Jourdain. Une échelle d'incendie sera utilisée. Les roquettes et les autres armes seront rassemblées dans des boxes qui rouleront sur le dispositif. Elles n'arriveront jamais de l'autre côté de la rivière sainte. L'appel téléphonique entre Khalil et Abou Dib est intercepté par les services de renseignements israéliens. Ces derniers avertissent leurs homologues jordaniens qui mettront la main sur les trois hommes trois jours après, le 13 juin 2001.

L'arsenal destiné aux activistes palestiniens était constitué de 77 barres de TNT, 40 kilos d'explosif C4, 3 roquettes antichars RPG 18 dont chaque tête contenait 300 grammes d'explosifs HMX, 30 grenades défensive de type russe F1,

2 pistolets 9 mm, 4 silencieux, deux kalachnikovs, 48 détonateurs M6 de fabrication américaine et 12 autres d'un modèle différent. Les chefs d'accusation ont été prononcés le 23 octobre 2001 par le parquet militaire d'Amman. Les cinq hommes sont accusés de complot en vue d'activités terroristes, d'acquisitions d'explosifs sans licence pour être utilisés d'une manière illégitime en complicité avec d'autres. Le verdict a été repoussé à plusieurs reprises.

Sans redevenir la base arrière des attaques anti-israéliennes comme elle le fut à la fin des années 1960, la Jordanie est la cible privilégiée pour l'acheminement des armes aux Palestiniens. Des armes et des explosifs arrivent également d'Irak par le poste frontière de Trébil, où l'armée du roi Abdallah a parfois beaucoup de mal à contenir les trafiquants qui bénéficient occasionnellement de complicités parmi les militaires.

Plus au sud, sur la mer Morte, des petits bateaux télécommandés à distance ont acheminé des armes, mais l'intensification de la surveillance de la rive orientale du lac par les autorités jordaniennes rend désormais les passages très difficiles.

De l'avis des spécialistes, le trafic via la Jordanie n'atteint pas encore des volumes importants, mais la structuration des réseaux logistiques et humains commence à porter ses fruits. Les passages d'armes se font au coup par coup. Les trafiquants expérimentent de nouveaux points de passage. Des explosifs cachés dans des camions remplis de pois chiches ont franchi le pont sheikh Hussein au nez et à la barbe des soldats israéliens. Des individus ont réussi à faire passer des ceintures d'explosifs malgré les procédures tatillonnes.

En dépit des dizaines de bataillons déployés le long du Jourdain, et une participation active des gardes-frontières en contact tous les jours avec leurs collègues israéliens, la frontière reste poreuse. Des infiltrations de Jordaniens d'origine palestinienne ont lieu régulièrement et embarrassent les autorités jordaniennes.

Le Hezbollah et l'Iran tentent d'avancer leurs pions dans le royaume hachémite. Un membre du Hezbollah, Hassan Johnny, arrivé il y a un an et demi en Jordanie pour structurer des réseaux, a été emprisonné au début de l'année 2002 à Amman. Sous la pression du Liban et de son tuteur syrien, d'autres ont été discrètement relâchés et renvoyés au Pays du cèdre, quelques semaines avant le sommet arabe de Beyrouth fin mars.

Les membres du réseau dormant, lié au Fatah, peuvent être utiles pour faciliter les contacts avec la rive palestinienne. Les amitiés nouées pendant la guerre du Liban entre les Palestiniens et des anciens gardiens de la Révolution iranienne, comme Imad Moughnieh[1], peuvent être réactivées.

Un constat interpelle les experts : si des roquettes antichars RPG passent sur le Jourdain à destination des activistes palestiniennes ; techniquement, des missiles antiaériens, faciles à acheter sur le marché international, pourraient également franchir la rivière tout aussi aisément. « Cela signifie qu'il y a des contrôles à un point ou à un autre de la chaîne », remarque un des experts. « Jusqu'à quand opéreront-ils ? » Nul doute que plus le conflit se prolongera, plus les interventions iraniennes via le Hezbollah s'intensifieront en Jordanie, comme au Sud-Liban où une incursion de l'armée israélienne a été évitée d'extrême justesse mi-avril 2002.

---

1. Originaire du Sud-Liban, il a été membre de la Force 17, la garde rapprochée de Yasser Arafat, avant de devenir un membre influent de la branche militaire du Hezbollah dans les années 1980. Il est considéré comme l'un des cerveaux de certaines prises d'otages de Français au Liban, pendant la guerre civile. Il fait partie de la liste des 22 terroristes les plus recherchés par les États-Unis.

V

La guerre de l'ombre

LES GRANDES OREILLES DE TSAHAL

La dalle en béton ressemblait à toutes les dalles d'égouts. Quand les policiers palestiniens, tout à leur joie de rentrer au pays en mai 1994, prirent possession des bâtiments de la Saraya pour en faire leur quartier général au départ des Israéliens, personne ne la remarqua. Elle arborait une date, 1960, inscrite en arabe, un souvenir de l'administration égyptienne de la bande de Gaza. Pendant les deux ans qui suivirent, des milliers de policiers fouleront la pièce ronde crénelée, sans s'imaginer du piège tendu par l'État hébreu.

En juillet 1996, alerté par un problème technique, Tawfiq Yizgi souleva la dalle et fut déchiqueté par l'explosion qui suivit. Elle ne datait pas de l'époque égyptienne. Le chiffre était un leurre.

La pièce en ciment cachait en fait une fosse souterraine à l'intérieur de laquelle un système perfectionné d'écoutes téléphoniques avait été installé.

Grâce à ces grandes oreilles, 1 200 lignes pouvaient être écoutées. Six énormes batteries longue durée de la taille d'une valise, contenant chacune 240 batteries parallèles, devaient permettre d'alimenter le système pendant des années. Des explosifs avaient été reliés aux lignes téléphoniques. L'interrupteur de mise à feu à la lumière du jour était dissimulé sous la dalle. L'explosion fut si forte que la pièce en béton en a été écornée. Elle est entreposée dans un local de la police, au milieu d'autres reliques de la guerre de l'ombre. Ce « legs » permit aux Israéliens d'être informés des conversations téléphoniques émanant du Q.G. provisoire de la sécurité d'Arafat pendant ses deux premières années de fonctionnement.

Celui-ci est habitué à être placé sur écoute. Grâce à la complicité d'un proche du chef de l'OLP, Adnane Yacine, le Mossad réussit, au début des années 1990, à cacher un micro sous le fauteuil dans son bureau à Tunis. Le précieux matériel permit aux dirigeants israéliens d'anticiper les choix d'Arafat pendant les négociations secrètes d'Oslo. À leur retour en Palestine, les proches d'Abou Ammar mirent la main sur d'autres micros dont avait été truffé le « palais » du raïs dans la paisible oasis de Jéricho, pressentie pour être le Q.G. de la nouvelle autorité palestinienne[1].

Les Israéliens connaissent à peu près tout des Palestiniens, qu'ils soient hommes politiques, simples militants, activistes, « terroristes » en Cisjordanie, dans la bande de Gaza, ou disséminés au Proche-Orient. La toile d'araignée tissée depuis plus de trente ans leur a permis de « filer », de jeter en prison ou de tuer des dizaines d'entre eux. Au quartier général de la police à Jérusalem-Est, un énorme central d'ordinateurs rassemble toutes les données des criminels et des « terroristes » tapis dans les territoires autonomes et occupés[2].

Dans cette guerre de l'ombre, la disproportion des forces est telle que les Palestiniens ont l'impression d'affronter un adversaire qui les connaît aussi bien sinon mieux qu'eux.

La sécurité israélienne dispose du matériel technique le plus sophistiqué, fourni le cas échéant par l'allié américain, lui permettant d'écouter téléphone et fax et de contrôler les mails. La suprématie technologique s'appuie sur

---

1. Entretien avec un diplomate occidental à Jérusalem, le 17 novembre 2001.

2. *Raids. Israël-Palestine*, Hors-série, numéro 2.

un solide réseau de collaborateurs palestiniens dans les territoires, sans compter les renseignements fournis par les suspects — et ils sont nombreux — pendant leurs interrogatoires.

Bien que difficiles à quantifier, plus des deux tiers des informations ou des documents officiels palestiniens seraient immédiatement connus de l'État hébreu, selon plusieurs interlocuteurs réguliers des deux camps.

Quand un expert indépendant vint à Ramallah sécuriser un bureau fraîchement acquis par l'Union européenne, il eut la surprise d'y débusquer deux micros cachés. Si l'État hébreu a mis son veto à la proposition d'une organisation internationale de sécuriser les communications téléphoniques des différents services de police palestiniens, la raison paraît évidente. Le travail a déjà été effectué, en partenariat avec la CIA qui fournit de l'équipement à certaines officines de la sécurité palestinienne, comme l'antenne des télécommunications miraculeusement préservée au milieu des ruines du quartier général de la police civile à Gaza.

En 1998, la Sécurité préventive découvrit des doubles-fonds dans l'épaisseur de ses bureaux où avaient été planqués des micros. Un de ses membres portait les cassettes au barrage d'Erez. Il a été arrêté et fusillé. Il n'est pas jusqu'aux prisons qui ne soient hors d'écoute des agents israéliens. Ainsi quelle ne fut pas la stupeur des hommes de la sécurité palestinienne à Jéricho quand leurs homologues israéliens les avertirent, en 1999, qu'un détenu fabriquait dans sa cellule du Tatp, un explosif peroxyde assez puissant, utilisé dans de nombreux attentats.

Les Israéliens ont acquis une « mémoire collective » de leurs adversaires qui leur confère un avantage déterminant en période de conflit. Ainsi, il a fallu moins de quarante-huit heures aux unités spéciales du groupe Duvdevan (Cerise) pour capturer plusieurs suspects du lynchage de deux soldats israéliens le 12 octobre 2000, à Ramallah. Outre le service de renseignement intérieur, l'armée peut compter également sur son propre service de renseignement (Aman). Au sein de celui-ci, le travail d'un personnage insolite est l'objet de beaucoup d'attention : on l'appelle l'avocat du diable. Il est chargé de démonter les scénarios que lui présentent ses hommes [1].

Les collaborateurs palestiniens en Cisjordanie et dans la bande de Gaza, les *sayanim*, sont particulièrement utiles à la politique d'assassinats ciblés d'activistes, qui a constitué l'un des piliers de la riposte militaire à la révolte palestinienne.

---

1. En Israël, contrairement à la France, l'avis des renseignements militaires est prédominant sur celui des renseignements intérieurs.

Leur contribution a rendu possible la liquidation d'une centaine de suspects en dix-huit mois de violences.

Ils fournissent des informations précieuses sur la localisation de la cible ou livrent à cette dernière une voiture piégée. En mars 2002, Tsahal a utilisé des collabos cagoulés de force qui ont indiqué aux soldats les maisons des activistes pourchassés par l'armée pendant ses ratissages dans les camps de réfugiés ou à Ramallah.

L'action de ces mouchards entraînera une véritable paranoïa anticollaborateur parmi la population qui reproche à l'Autorité de ne pas lutter efficacement contre cette cinquième colonne. À Ramallah, plusieurs collaborateurs ont été pendus sur la place centrale par une foule en colère pendant l'incursion israélienne. À travers les territoires, la panique a conduit à de nombreuses arrestations de supposés indics et à des règlements de comptes entre clans rivaux.

Après trente-cinq ans d'occupation par Tsahal, la société palestinienne est facile à pénétrer. La tyrannie du besoin et un nationalisme épuisé expliquent ce phénomène. En 1994, l'organisation israélienne de Défense des droits de l'homme, B'tselem, estimait à 6 000 le nombre de collaborateurs actifs, répertoriés par le Shin Beth. Le lancement du processus de paix n'a pas tari le besoin d'oreilles, au contraire, mais il a changé la donne en matière de recrutement. Faute de patrouiller dans les rues de Jénine ou Gaza, le travail du Shin Beth nécessite aujourd'hui davantage de mouchards pour savoir ce qui se passe à l'intérieur des villes autonomes.

Les services de renseignements israéliens ont réorienté leurs méthodes de recrutement autour de deux éléments : les colonies et les bouclages qui seront maintenus sur la Cisjordanie et la bande de Gaza, au cours des années du processus de paix. C'est souvent dans les implantations que l'agent donne rendez-vous au collaborateur. C'est là aussi où s'opère la sélection des candidats. Netzarim, par exemple, une minuscule colonie isolée au cœur de la bande de Gaza, est un centre pour la collaboration et la collecte d'informations[1].

Israël insiste sur le fait qu'ils ne « collaborent pas » mais qu'ils « coopèrent » plutôt (vous êtes des « *yatawaan* » et non des « *jasous* » ou « *amel* »). En décembre 2001, l'un d'eux, Majdi Makkawi, s'est laissé convaincre que les informations vitales qu'il fournirait sur les déplacements de son oncle Abou Rizek, un activiste du Fatah à Rafah impliqué dans des actions anti-israéliennes, permettraient la capture de ce dernier. « Autrement

1. *The Phenomenom of collaborators in Palestine*, Passia, Jérusalem, 5 février 2001.

ce ne sera qu'une question de temps avant qu'il ne soit tué », lui dirent ses agents israéliens, selon le témoignage de Makkawi, fourni aux policiers palestiniens après son arrestation. Certains collaborent pour quelques centaines d'euros. Dans le cas présent, l'indicateur avait perçu d'abord 1 000 shekels chaque mois, et le double ensuite (soit 500 euros), en échange d'informations de première main qui conduisirent à l'élimination de son oncle. Condamné à mort par une cour militaire, Makkawi fut exécuté au terme d'un simulacre de procès.

La carotte du permis de travail en Israël, ou d'un laissez-passer en Jordanie est proposée au futur informateur. « Israël exploite la souffrance des Palestiniens au travers des bouclages », accuse Yael Stein, avocate à B'tselem. En échange du sauf-conduit, « on te donne cette photo de Youssef, vérifie qu'il est à tel endroit ce soir », raconte un collaborateur.

Des soi-disant compagnons de cellule qui cherchent à extorquer des informations à leurs compatriotes incarcérés, aux intermédiaires désireux de vendre des terres arabes à des Israéliens, en passant par les *moukhtars* (responsables sans grand pouvoir) des localités toujours sous le contrôle sécuritaire de l'État hébreu : les candidats ne manquent pas. Ils étaient une vingtaine environ par village durant la première Intifada.

Redoutant un déchaînement de violence en cas d'échec des négociations de Camp David l'été 2000, le Shin Beth avait auparavant intensifié son recrutement. Aujourd'hui, beaucoup d'indics ne seraient pas activés. Ils sont infiltrés dans les universités, les hôpitaux, les syndicats, les organisations politiques et les services de sécurité. Dans la rue ou en prison, le collabo et son instructeur se reconnaissent d'un simple signe de la main.

Géographiquement, deux types de mouchards sont à distinguer. Ceux qui opèrent dans les territoires et ceux qui ont réussi à trouver refuge au-delà de la ligne verte, en Israël. Poursuivis par la sécurité palestinienne, les premiers craignent pour leur vie. Délaissés par leur ex-employeur, les seconds sont souvent en plein désarroi, errant dans des hôtels de passe ou dormant sans papiers sous des hangars de supermarché. Au départ de leur protecteur en 1994, plusieurs milliers voulaient se mettre à l'abri. À l'été 2000, 750 seulement ont été absorbés dans l'État hébreu, selon les chiffres de l'institut Truman de l'université hébraïque de Jérusalem.

Nous en avons rencontré un dans un hôtel à Tel-Aviv où le Shin Beth reloge certains de ses indics. « J'ai travaillé pour Israël entre 1986 et 1990 à Naplouse, raconte Anouar, 33 ans. Je militais au sein du Fatah. Un jour, j'ai eu une dispute avec un leader. Le Shin Beth l'a su, il m'a donné rendez-vous un soir tard. Ils m'ont donné 1 000 shekels. Je n'avais jamais eu autant d'argent. Je voyais mon agent traitant une fois ou deux par mois, je lui donnais des informations sur les leaders du Fatah. En 1990, j'ai voulu me repentir. J'ai rencontré les « Panthères noires » (un groupe armé lié au Fatah). Ils m'ont battu pendant trois jours. Je leur ai parlé du Shin Beth. Ils m'ont demandé de fuir en Jordanie. Là-bas, j'ai eu des problèmes, les *moukhabarats* (la police secrète) savaient que j'avais travaillé avec Israël. En 1994, lorsque l'autorité palestinienne s'est installée, le Fatah m'a autorisé à rentrer avec ma femme et ma fille. J'ai été convoqué à Jéricho par les renseignements militaires. Ils voulaient tout savoir. Je suis rentré chez moi à Naplouse, mais aucun Palestinien n'a voulu m'employer. J'ai décidé alors de venir à Tel-Aviv. Ma femme m'a quitté. J'ai dit au Shin Beth : « Vous devez m'aider. J'ai une fille. » Ils m'ont répondu : « On ne connaît que toi, débrouille-toi. » Ils m'ont demandé pourquoi j'étais allé voir le Fatah. Ils m'ont installé à l'hôtel et donné 350 dollars par mois (400 euros). Ensuite, ils m'ont envoyé en Afrique du Sud. Quand je me suis rendu compte du sale boulot que je devais faire, je suis rentré. Aujourd'hui, je veux un passeport pour pouvoir quitter Israël et oublier mon passé. Je n'ai qu'une pièce d'identité renouvelable tous les ans. J'ai été stupide. Je ne peux plus rentrer en Palestine. Je n'ai pas vu ma fille depuis six ans. Je serai un mouton noir toute ma vie. »

Israël recourt parfois à ses collabos pour l'exécution de certaines des basses besognes dans les territoires. De leur côté, les activistes palestiniens tentent de recruter des indics en errance pour mener des opérations anti-israéliennes. Jamal Abou Jamous, qui plaça un engin explosif sous le lit d'un officier israélien à Raanana à l'automne 2001, avait été « retourné » dans l'espoir de se faire pardonner ses fautes. D'autres bénéficient parfois de complicités locales. Shmuel Akshotah, un Israélien de 50 ans, père de trois enfants, a été arrêté en début d'année par la police israélienne et accusé d'avoir livré des collaborateurs à l'Autorité palestinienne pour la somme de 5 000 shekels par tête (1 200 euros). La guerre de l'ombre n'a pas de règles.

ANWAR, PLUTOT CÉLIBATAIRE QUE COLLABO

Anwar, la trentaine, palestinien de Jérusalem-Est, offre de nombreux atouts pour les services de renseignements israéliens. Il a suivi des études supérieures. Outre l'arabe et l'hébreu, il parle plusieurs langues étrangères. Il habite un faubourg arabe sous la responsabilité civile de l'Autorité palestinienne et il connaît beaucoup de monde, des Palestiniens, des Israéliens et des expatriés.

À bientôt 30 ans, sa mère s'impatiente de le voir se marier. En septembre 2000, elle organise un voyage à Amman en Jordanie, où, comme toute famille palestinienne, les Nimr ont des parents là-bas. Au cours de son périple outre-Jourdain Anwar ne rencontre pas une cousine comme sa mère l'avait planifié, mais une voisine de ses cousins. En Orient, les procédures de mariage sont souvent rapides. Une fois les formalités traditionnelles accomplies, rendez-vous est pris pour les fiançailles le week-end d'après. La date du mariage est fixée à juillet 2001, à Jérusalem, pendant les congés d'été d'Anwar.

D'ici là, il doit régler le problème de la venue de sa future épouse en Israël. D'ordinaire, ce genre de démarches requiert six mois ou un an, avant de recevoir une réponse négative des autorités israéliennes, qui contrôlent la frontière avec la Jordanie. En octobre, Anwar dépose un dossier au ministère de l'Intérieur. Curieusement, le veto lui parvient une semaine après. Il refait une nouvelle demande, encore refusée.

Anwar travaille dans une organisation internationale dans la partie arabe occupée de Jérusalem. Son permis de travail et sa carte magnétique lui permettant de franchir le barrage militaire à l'entrée de la Ville Sainte arrivent à expiration. Il se rend au poste de police de la colonie de Maale Adumim, non loin de chez lui, pour les faire renouveler. Les policiers enregistrent son numéro de téléphone, mais ne lui renouvellent ni sa carte, ni son permis de travail. Quelques semaines après, pendant le Ramadan, Anwar reçoit un appel téléphonique à son bureau. « Anwar, viens à Maale Adumim, on a besoin de toi », lui dit son interlocuteur.

Quelques jours se passent et Anwar va à Maale Adumim dans l'espoir de récupérer son permis et sa carte magnétique. Il est confronté à Yossi, un Israélien d'origine allemande qui lui parle en arabe.

— La vie, Anwar, c'est comme le commerce. Il y a des gens qui aiment gagner. Et il y a des gens qui perdent. Toi tu es quelqu'un d'intelligent. Je suis sûr que tu veux gagner. Et moi, je veux que tu gagnes.

— Bien sûr, moi aussi, je veux gagner.

Anwar comprit tout de suite ce qu'il cherchait, mais il fit l'ignorant afin d'en savoir plus.

— Je vois sur l'ordinateur que tu as demandé une autorisation pour faire venir ta femme de Jordanie. Anwar, tu es quelqu'un d'éduqué, d'intelligent. Ça nous fait mal que ta femme soit obligée de rester en Jordanie. On va la faire venir tout de suite. On va également réduire tes dettes. (Anwar avait dû, l'année précédente, financer l'opération du cœur pour son père. Le Shin Beth le savait.) Sois intelligent, on va travailler ensemble. La balle est dans ton camp.

— Travailler à quoi ? Qu'est-ce que je peux faire pour vous ? J'ai déjà mon travail.

— Non, Anwar, tu sais ce que tu vas faire pour nous. On va te donner du travail et tous tes problèmes seront réglés du jour au lendemain.

— Non merci, je ne peux pas. Je ne suis pas disponible.

Yossi se met alors en colère.

— Alors ta femme ne pourra pas venir de Jordanie.

— Avec un peu de chance, elle viendra. Je vais me débrouiller.

— N'essaye pas. Son nom est déjà dans l'ordinateur. Elle ne peut pas venir.

Peu après, Anwar se rend à Amman pour en parler avec sa fiancée. Au pont Allenby, le point de passage entre les territoires occupés et la Jordanie, il est interrogé par la sécurité israélienne, après avoir patienté pendant trois heures :
— Qu'est-ce que tu vas faire en Jordanie ? Fais attention pour ton travail. Tu es quelqu'un d'intelligent.

« Le pire, c'est qu'à la sortie, l'officier israélien qui n'avait pas été vraiment sympa avec moi dans son bureau m'a serré la main, comme si on était de vieux amis. Juste à côté, il y a la sécurité palestinienne. Il l'avait fait exprès. Les Palestiniens voyant cela m'ont alors interrogé :

— Qu'est-ce que tu as à faire avec eux ?

Rien du tout. Vous croyez que si je travaillais avec eux, ils m'auraient salué ? C'était uniquement pour essayer de salir ma réputation. J'avais l'impression d'être tombé au fond d'un puits. Tant de mauvaises nouvelles en si peu de temps. »

À son retour à Jérusalem, Anwar renouvelle la demande pour faire venir sa femme. Deux semaines après, le téléphone sonne de nouveau au bureau. « Viens mercredi prochain au commissariat de Maale Adumim », lui dit en hébreu son correspondant. Il s'y rend à l'heure dite. Il attend pendant deux heures avant qu'on lui adresse la parole. Mais rien de nouveau.

Les mois filent. Anwar est inquiet. Il a l'impression que les démarches n'auront pas abouti d'ici au mariage. Il tente de déposer une nouvelle demande pour sa femme, et pour récupérer sa carte magnétique et refaire un permis de travail. Sans succès. Pendant ce temps, il continue d'aller travailler clandestinement à Jérusalem.

En juin, après une longue période de silence, nouvel appel téléphonique. « Sois au commissariat le 26 à midi », lui intime son interlocuteur. « À 14 h 30, ils m'ont fait entrer. Ils ont pris mon portable, enlevé la batterie. J'ai quitté ma veste.

Ils m'ont fouillé. Une personne en tenue civile est arrivée. C'était Yossi. Il m'a demandé de ne parler qu'en arabe.

— *Kif ak* (comment vas-tu) ?, me lance-t-il d'un ton narquois.

— Parfait. Je travaille. Tout va bien.

— Mais comment vas-tu à ton travail sans permis ?

— Je fais comme tout le monde. Je prends le chemin de Ras el-Amoud. Je contourne les militaires par le Mont des Oliviers. Je passe par l'hôpital Augusta, et j'arrive à mon travail. Il n'y a pas de problème. Je fais comme des milliers d'autres Palestiniens. Ni plus. Ni moins.

— Oui, je sais par où tu passes, Anwar.

— Ce n'est pas extraordinaire. Même mes neveux et mes nièces qui ont cinq ans connaissent mon itinéraire. Ça n'a rien de secret.

— Écoute-moi, Anwar. Tu as dû réfléchir depuis notre dernière rencontre. Ne sois pas idiot, tu sais où est ton intérêt ? Tu devais te marier à ton congé annuel, si j'ai bonne mémoire ?

— Oui, le mois prochain, si ma femme est autorisée à venir à Jérusalem.

— Elle a essayé de venir. On le sait. Elle a déposé une demande de visa à notre ambassade à Amman. Ça a été refusé. Anwar, je t'avais dit que son nom est sur l'ordinateur et qu'elle ne pouvait pas venir. Pourquoi tu ne m'as pas écouté ?

— Ça ne m'intéresse pas. Si tu ne me donnes pas le permis, je vais peut-être essayer de trouver une autre solution.

— Laquelle ?

— Une solution personnelle.

— Est-ce que tu vas utiliser des canaux diplomatiques ?

— Peut-être, je connais beaucoup de monde.

Yossi s'est énervé.

— Tu ne peux pas la faire venir. Son numéro de passeport est enregistré à la frontière. Le tien aussi. Il n'y a aucune chance, même si tu baises mes chaussures. Ta femme ne peut pas te rejoindre, sauf si tu travailles avec nous.

Je me suis énervé à mon tour.

— Quel travail ? Je travaille toute la journée. Qu'est-ce que je peux faire pour vous ? Je ne suis pas disponible. Je ne passe pas mon temps dans la rue tous les jours, je ne suis pas désœuvré. Je suis occupé. Je gagne ma vie. Qu'est-ce que je peux faire pour vous ?

Yossi restait vague dans ses propositions. Il essayait de me manipuler. Il insistait seulement sur mes connaissances des langues étrangères. Je ne crois pas qu'ils m'auraient utilisé pour surveiller des activistes ici. Ils ont beaucoup de drogués qui font ça, en échange de remise de peine. Pour éviter d'aller en prison pour quelques grammes de haschich découverts sur eux, ils préfèrent travailler avec le Shin Beth.

— On sait que tu aimes les voyages. Ta femme, elle aura une voiture, on lui donnera une carte d'identité, un permis, un travail. Elle aura un salaire, tu seras vraiment un homme heureux, Anwar, si tu travailles avec nous. Ce sera extraordinaire. Tu auras de l'argent. Ça te changera de ta vie d'aujourd'hui.

— Écoute-moi, Yossi. J'ai ma vie. J'aime la tranquillité. Je ne veux pas avoir à vivre clandestinement, parce que j'ai fait quelque chose de mal. Je vais être franc avec toi : je ne veux pas travailler avec vous. Je m'en fiche de ma femme. Je m'en fiche de ma carte magnétique. Je ne veux pas travailler avec toi. Et voilà, les papiers, ce que j'en fais.

J'ai déchiré en mille morceaux les photocopies du passeport de ma fiancée et du mien, et je les ai jetés sur son bureau. Ça l'a vexé. Il m'a lancé son stylo et m'a dit :

— Tu vas embrasser mes chaussures. Tu ne vas pas dormir la nuit. Tu n'as pas de permis. Tu ne te marieras pas. Tu es stupide. Tu vas tomber. Je ne vais pas te pardonner.

— Fais ce que tu veux. Je vais divorcer d'avec ma femme cette semaine. Je ne laisserai pas quelqu'un comme toi contrôler ma vie. »

Quelques jours après, Anwar est allé informer sa fiancée de sa dernière rencontre avec l'agent israélien : « Je ne peux pas accepter que tu vives ici en Jordanie, et moi à Jérusalem. Il n'y a pas de possibilité de te faire venir là-bas. Même plus tard. Les Israéliens ne céderont pas. »

Son frère lui proposa de travailler pour eux juste le temps d'obtenir le permis pour sa femme. « Quel idiot ! Personne ne peut leur dire adieu comme ça. Si tu commences à travailler pour le Shin Beth, tu es pris dans l'engrenage, et après c'est très dur d'en sortir. Quand j'ai vu que ma femme et son frère m'ont proposé de collaborer avec Israël, alors là, ça m'a fait mal. Je me suis battu pendant presque un an pour qu'elle vienne. J'ai attendu des heures au soleil, au froid, devant le commissariat. J'ai vécu la tête pleine de soucis, sans papiers. J'ai travaillé pour construire notre maison. Et elle me demande de tromper la Palestine. Alors là, elle est sortie de mon cœur.

Je suis revenu à Jérusalem. J'ai fait la démarche du divorce auprès du tribunal islamique. J'avais déjà acheté la dot, de l'or, et des vêtements. Ça représentait presque toutes mes économies depuis quatre ans. J'étais écartelé entre mon amour pour elle, et les pressions du Shin Beth. Elle m'avait dit avant qu'on se sépare : "Anwar, si tu veux me quitter moi je ne veux pas. Et si tu me quittes, je ne me marierai avec personne d'autre." J'ai dit : "Fais ce que tu veux. J'ai pris ma décision. Tu ne te rends pas compte de tout ce qui m'est arrivé là-bas." »

Un étrange événement était survenu quelques semaines plus tôt dans la vie d'Anwar. Fin mai, il reçoit un appel téléphonique à son bureau. Son interlocuteur parle avec un accent arabe. « *Al quoa al dariba al falastiniyah* : Nous sommes la force de frappe palestinienne. Fais passer ce message tout de suite aux gens qui t'emploient. Nous allons faire des attentats partout. Tes employeurs sont des amis, nous ne voulons pas qu'il leur arrive du mal. Qu'ils évitent les sites touristiques, les hôtels et les lieux d'amusement. Notre attentat va être comme un tremblement de terre. »

« J'ai traduit ce message. Je l'ai donné à mon patron. Il m'a dit : "N'en parle à personne." »

Quatre jours après, un kamikaze se faisait sauter avec la bombe qu'il portait sur lui à la sortie de la discothèque Dolphinarium sur la plage à Tel-Aviv. 21 jeunes Israéliens, des Russes pour la plupart, ont trouvé la mort dans l'attentat. »

C'était la première fois qu'Anwar recevait un tel appel.

Son correspondant citait des sourates du Coran. Il utilisait un vocabulaire religieux. « Il n'a pas dit Hamas, mais il répétait *inch allah*, si Dieu le veut, *dar el islam*, la terre de l'islam. Ça donne à penser que c'était un intégriste. Au début, je n'ai pas pris cela au sérieux, et puis, quatre jours après, il y a eu le Dolphinarium. »

Ses employeurs ont confirmé l'appel téléphonique. La sécurité israélienne reçoit parfois certains appels téléphoniques avant des attentats, mais elle n'y prête pas toujours attention, ne sachant pas s'il s'agit ou non d'un canular.

L'attentat du Dolphinarium a été le premier acte terroriste de grande ampleur commis depuis le déclenchement de l'Intifada. Il a été revendiqué par le mouvement islamiste Hamas, mais un certain nombre de zones d'ombres subsistent sur l'origine des commanditaires.

Premier détail troublant : la revendication par la branche armée du Hamas, les Ezzedine al-Qassem, est intervenue trois jours après, c'est-à-dire tardivement par rapport aux usages du mouvement intégriste.

La personnalité de l'auteur de l'attentat mérite que l'on s'interroge. Il était jordanien et habitait en Cisjordanie depuis deux ans.

Le timing de l'opération est également suspect. Les autres grands attentats islamistes ont été perpétrés en riposte à des liquidations par Israël de certains leaders (Mansour, Salim) politiques ou militaires, ou en représailles à des opérations de Tsahal particulièrement violentes. Ce n'était pas le cas pour celui du Dolphinarium.

Des services de renseignements occidentaux estiment que s'il a bien été commis par le Hamas, les ordres ne sont sans doute pas venus de l'intérieur des territoires palestiniens mais de l'étranger, vraisemblablement de la direction basée en Syrie. Une hypothèse suppose l'utilisation par Damas des islamistes abrités sur son sol pour venger une attaque meurtrière commise un mois plus tôt par l'aviation israélienne dans la plaine de la Békaa libanaise. Trois soldats de Damas furent tués. En visant directement les Syriens, et non plus des objectifs libanais comme son prédécesseur Barak, Sharon avait changé les règles du jeu. À la suite de ces représailles, Farouk al Sharaa, le chef de la diplomatie syrienne, déclara que son pays saurait trouver les moyens pour riposter. Khalim Khaddam, numéro deux du régime syrien, avait reçu de son côté les responsables du Hamas, postés à Damas.

Le 24 mai 2001, un an jour pour jour après le retrait israélien du Sud-Liban, un avion de tourisme fut abattu au-dessus du territoire israélien, après avoir ignoré les avertissements des services de sécurité de l'État hébreu. L'homme, selon un haut responsable des Nations unies au Proche-Orient, aurait agi pour le compte du FPLP-Commandement général d'Ahmed Jibril, une petite organisation palestinienne du front du refus à la paix avec Israël qui ne peut pas décider d'une opération de ce genre sans l'aval des services de renseignements syriens.

Yasser Arafat ne dut qu'à la présence de Joskha Fisher, le ministre allemand des Affaires étrangères, d'éviter l'anéantissement de l'Autorité palestinienne, que Sharon brandissait comme riposte à un attentat islamiste. Ce n'est pas la première fois qu'il se retrouvait pris dans une tourmente dont il n'était pas directement responsable.

Le mariage d'Anwar n'a pas eu lieu. Au lieu de se rendre en voyage de noces à Prague avec son épouse, il est allé seul « évacuer sa tristesse » dans la capitale tchèque. Les appels téléphoniques du Shin Beth ont cessé après son refus de collaborer ou de continuer de collaborer. Depuis, il a perdu son travail à Jérusalem-Est, après une querelle avec son employeur. Il est aujourd'hui à l'étranger.

Un laboratoire antiterroriste gênant

Fin 1999, lorsque les responsables européens du laboratoire antiterroriste palestinien reçoivent un appel téléphonique d'un de leurs contacts dans les services de renseignements israéliens, ils redoutent un traquenard. « On est prêt à vous livrer les standards d'explosifs que vous réclamez. Rendez-vous au centre commercial de Yad Mordechaï », indique leur correspondant.

Les experts s'interrogent. Est-ce raisonnable de

franchir le barrage d'Erez avec un échantillon dissimulé ? Si jamais les soldats au point de passage entre la bande de Gaza et Israël n'ont pas été avertis, les diplomates viendront-ils à notre secours ? Que faire d'autre ? Le précieux échantillonnage est indispensable au fonctionnement du laboratoire qu'ils ont été chargés par Bruxelles de mettre sur pied à Gaza au profit de l'Autorité palestinienne.

Finalement, l'un d'eux va au rendez-vous. Un Israélien lui tend un sac en plastique, contenant de la poudre. « C'est quoi ? », lui demande l'expert de l'UE. « Débrouillez-vous maintenant », rétorque son interlocuteur. « Et le bon de réception ? — Moi, je ne vous ai rien donné », précise l'Israélien.

L'expert franchit sans encombre le barrage, mais le standard d'explosif fourni n'a rien à voir avec ce qui avait été demandé. C'est de la poudre provenant d'un missile israélien, mais non calibrée. Elle est inexploitable et ne répond nullement aux besoins du laboratoire. Ses promoteurs sauront se débrouiller pour se procurer les échantillons requis.

La mission du laboratoire à peine entamée, les ennuis ne font que commencer.

Antiterrorism Laboratory : une modeste plaquette indiquait l'endroit au quatrième et dernier étage d'un des bâtiments du quartier général de la police civile à Gaza. La discrétion était assurée. Arafat avait voulu qu'il soit établi dans l'enceinte du plus important des services de sécurité à sa disposition. Décidé dans la foulée de la vague d'attentats islamistes du printemps 1996, il symbolisait la contribution palestinienne à la lutte antiterroriste. Sa construction avait été approuvée par Israël, qui avait tout avantage à le voir fonctionner correctement.

Sa mission était triple : l'analyse des explosifs, l'expertise des armes à feu et la lutte contre les faux documents. Dans une première salle, dite blanche, était stockés les indices recueillis par les enquêteurs ; une autre permettait l'étude chromatographique des explosifs ; une troisième était destinée aux analyses chimiques des échantillons. Sur le toit, un tunnel de tir avait été bâti au moyen d'un tube d'égout suspendu à des cordes, bourré de fibre de coton. Un trou dans le béton armé témoignait d'une grossière erreur de tir lors des tests, mais la balle était restée nichée dans le mur, preuve de la solidité du dispositif.

Une quinzaine de jeunes lieutenants et sous-lieutenants avaient été formés en Europe. C'était pour eux une marque d'indépendance. Plus besoin de solliciter les experts israéliens. Ils étaient fiers de leur bébé. Les anciens guérilleros décortiquant les explosifs de leurs voisins intégristes !

Des caïds de la sécurité palestinienne avaient d'abord considéré le labo comme un outil un peu encombrant. Des jeunes scientifiques osaient remettre en cause la version officielle sur une scène de crime ou après un incident. Malgré ces réticences, les habitudes évoluèrent peu à peu. Au cours de l'Intifada, le laboratoire démentit les allégations de l'Autorité selon lesquelles Tsahal utilisait des armes chimiques et l'esprit scientifique de ses membres finit par prendre le pas sur l'allégeance traditionnelle aux chefs du clan ou des services de sécurité.

Critiqué, le labo ne fut jamais remis en cause par les barons de l'Autorité. Il y avait certes encore beaucoup à faire. Dans des territoires où les armes illégales prolifèrent, les responsables de la police n'ont pas forcément envie de fournir les échantillons requis par les experts.

Le laboratoire finit par trouver sa place dans la nébuleuse sécuritaire palestinienne. Mais son chemin de croix fut long et pénible, tant les entraves à sa bonne marche furent nombreuses.

Première station : le port d'Ashdod, à 40 km au nord de Gaza. C'est là où est débarqué le conteneur en provenance d'Europe. À l'intérieur est entreposée l'intégralité du matériel du futur laboratoire.

Les noms de chaque pièce et de chaque fournisseur ont été fournis à la sécurité israélienne.

Tout est contrôlé par Israël qui a connaissance du contenu. Telle est la règle de la coopération européenne au processus de paix israélo-palestinien.

« Impossible de le récupérer. » Le refus des douaniers israéliens est abrupt. Motif : « Il y a du matériel sensible à l'intérieur. » Les experts européens sont stupéfaits. « C'est du matériel de lutte antiterroriste, pas du carton-pâte », affirme l'un d'eux. Ils prennent contact avec leurs correspondants au sein des services de sécurité israéliens. « C'est pas nous, ce sont les douanes les responsables », leur répond-on. Un mois passe. Nouveau contact : « Excusez-nous, on s'est trompé, mais il y a un photocopieur couleur à l'intérieur, les Palestiniens vont pouvoir falsifier des documents. Ils ne sont pas autorisés à avoir des photocopieurs couleur. » « Non, c'est un photocopieur noir et blanc. Il doit leur permettre de lutter contre les faussaires. »

Le temps passe et les frais de garde augmentent. Nouvel appel trois mois après l'arrivée du conteneur : « C'est bon vous pouvez récupérer le matériel, tout est vérifié. » Nouveau rendez-vous au port d'Ashdod avec les responsables des douanes israéliennes qui exigent une dernière ouverture du conteneur. Excédés, les experts européens, qui ne sont pas tombés de la dernière pluie, dissimulent une caméra pour filmer la scène. Ils redoutent une dernière ruse. Les douaniers vérifient chaque paquet. Certains se montrent particulièrement intéressés par des caméras digitales couleur introuvables en Israël. Tout se passe bien. Peu avant la fermeture du conteneur, les experts s'éclipsent et repartent pour Gaza. Arrivés au labo, ils découvrent que manquent à l'appel des appareils photos et des drivers d'ordinateurs. Avisés, les diplomates conseillent de ne pas indisposer la partie israélienne.

Outre les échantillons, la sécurité israélienne interdit aux Palestiniens de posséder des moyens de détection d'explosifs, des dispositifs utilisés dans tous les aéroports que l'État hébreu possède à 43 exemplaires. « Ils vont optimiser leurs bombes », leur objecte-t-on. « C'est comme si je recevais une belle Jaguar sans les roues ni les clés de contact », remarque un des promoteurs du laboratoire. Ce dernier ne peut fonctionner. Au Dan Hôtel, à Tel-Aviv, les rencontres se succèdent avec les agents du Shin Beth et du Mossad. Autour d'un bon café chacun renvoie sur l'autre la responsabilité du problème. Interpellés, les diplomates calment le jeu. « Ils ont fourni 95 % du dispositif, c'est déjà pas mal. » « Ne vous en faites pas, on vous donnera le matériel », finissent par répondre les agents israéliens.

Mis en route en août 2000, le laboratoire connaît son baptême du feu dès le mois suivant lorsque l'Intifada éclate. Rapidement, les artificiers de la police palestinienne rapportent des explosifs de leur collecte sur le terrain. Les bombardements israéliens ont commencé. La pêche est parfois fructueuse. Début octobre 2000, les expertises révèlent la présence de plusieurs centaines de grammes de RDX, un explosif militaire puissant, tiré de la tête creuse d'un missile israélien qui n'a pas explosé, et qui visait un bâtiment de la police palestinienne soupçonné abriter une cache d'armes. Le recours à l'explosif militaire pour réprimer des manifestations de rue attesta de l'usage excessif de la force par l'État hébreu. Les conclusions seront livrées aux enquêteurs du Rapport Mitchell, qui établirent les responsabilités de chacun dans le déchaînement de la violence. Les experts palestiniens étaient fiers de leur « plus beau cas d'école ». Ils ignoraient qu'ils seraient sans doute victimes de ce succès.

La nuit du 6 au 7 décembre 2001, deux bombes de 400 kg s'abattent sur un bâtiment de la police à 50 mètres du laboratoire. L'armée israélienne affirma qu'il abritait une usine à mortiers.

Aux responsables européens et américains qui s'intéressent aux frappes, les responsables du laboratoire confient leur étonnement : « De deux choses l'une. Ou nous sommes complètement naïfs et, en trois ans de présence ici, nous n'avons pas remarqué que le bâtiment où nous allions chercher des rames de papier et des cartouches d'encre cachait un atelier. Ou alors pourquoi ceux qui s'interrogent ne sont-ils pas venus vérifier que sous les dalles de béton affaissés par le bombardement étaient planqués des mortiers ? Si tel était le cas, il y en aurait eu encore après la frappe. »

Les Israéliens connaissent la localisation du laboratoire. Peu après son ouverture, deux anciens experts de la CIA, devenus policiers après leur « montée » en Israël, l'ont visité. Des responsables européens s'interrogent : « Pourquoi ont-ils tapé si fort sur ce bâtiment où il n'y avait rien ? Coup de semonce ou frappe régulière ? » Dans le doute, aucune protestation officielle n'est émise. D'autant que les dégâts sont assez minimes. La façade a été soufflée. Il faudra sécuriser de nouveau le dispositif. Mais seulement 20 % du matériel a été détruit. Dans quelques mois, le labo sera à nouveau opérationnel.

Cinq jours après, dans la nuit du 12 au 13 décembre, nouvelle frappe à dix mètres seulement cette fois-ci du laboratoire. Une bombe de 400 kg détruit un parking devant un chenil pour chiens renifleurs d'explosifs et de drogue. Le matériel sensible, difficilement transportable, avait été sécurisé au cas où... La proximité d'une antenne de télécommunications fournie par la CIA était un paravent, pensait-on. Tsahal ne fournit aucune explication au bombardement. L'Union européenne resta muette.

Le lendemain, dans la nuit du 13 au 14 décembre, deux missiles pulvérisent le laboratoire, un bâtiment clairement identifié avec des drapeaux du Croissant rouge palestinien hissés sur le toit pour signaler la présence d'une infirmerie au premier étage. « Que fait-on ? » se demande un responsable. « On ne peut rien dire, répond un diplomate européen. Nous sommes avec les États-Unis dans la lutte contre le terrorisme. » Deux ans après, le bel outil au service de la noble cause antiterroriste, financé par le contribuable européen à hauteur de 35 millions d'euros, a été progressivement réduit en poussière par les bombes israéliennes. Trop gênant, sans doute. Le silence qui accompagna sa liquidation de la part de ses bailleurs de fonds européens en dit long sur la faiblesse des Quinze[1]. L'Europe est le pre-

1. En 1996, en visite en Israël, Hubert Védrine, ministre des Affaires étrangères, expliqua devant des journalistes pourquoi l'Europe ne pouvait pas instaurer des sanctions économiques contre l'État hébreu : « Dès que l'on évoque le mot sanction lors des réunions entre les quinze ministres des affaires étrangères, deux mains se lèvent : celle du ministre allemand et celle de son homologue hollandais. » Il pourrait ajouter désormais à la liste le chef de la diplomatie anglaise, Londres se montrant réticent à durcir le ton face à Israël.

mier contributeur en terme d'aide financière au processus de paix. Les Européens sont les payeurs, mais certainement pas les conseilleurs. Leur mutisme embarrassé préfigura un autre silence encore plus assourdissant lorsque l'armée israélienne entra en campagne contre « l'infrastructure terroriste palestinienne », fin mars, début avril 2002.

Dans un contexte guerrier, le laboratoire pouvait être gênant. « Soudainement, explique l'un de ses responsables, les Palestiniens voyaient beaucoup de choses. Les bombes qui étaient larguées sur leurs territoires. Ce que fabriquait le Hamas. Les enquêtes sur certains assassinats de personnalités avaient permis également de remettre en question la thèse officielle de la légitime défense avancée par Israël. »

Dans la précipitation, on en oublia presque les quinze experts palestiniens, désormais au chômage, et consternés par cette destruction. « Vous allez nous abandonner ? » demanda l'un d'eux à un diplomate venu constater les dégâts. « Trois ans de travail partis en fumée. Pourquoi nous viser nous ? On est là pour lutter contre le terrorisme. Les Israéliens font tout pour saboter notre mission. » Un autre lança sur le ton de la plaisanterie : « Peut-être que demain, je serai le prochain kamikaze à aller me faire sauter à Tel-Aviv. » Les responsables rirent jaune. « Il faut les envoyer rapidement en Europe et éviter qu'ils aillent proposer leurs services aux islamistes », préconisa-t-on. Au-delà du préjudice matériel, c'est le choc causé aux experts palestiniens qu'on redoutait. Ils ont acquis un savoir-faire en matière d'analyse d'explosifs. Certains, par dépit, pourraient être tentés de passer du côté de « la résistance ».

Finalement une protestation officielle de l'Union européenne tombera un mois plus tard. Entre-temps d'autres bâtiments et infrastructures financés par les Quinze avaient été détruits par Tsahal, notamment l'aéroport de Gaza. La facture, d'un montant total de 32 millions d'euros, pourrait être présentée un jour au gouvernement israélien. S'agissant du laboratoire, il sera reconstruit, mais certains pays, comme la France, préconisent d'attendre un retour au calme... afin de ne pas s'exposer à une nouvelle mésaventure humiliante.

VI

Le dilemme des policiers d'Arafat

Des milices au service d'Israël

Dès les premières semaines de la révolte, les bâtiments des services de sécurité palestiniens ont été retenus comme cible privilégiée par les raids aériens israéliens, en représailles aux violences. Barak entend exercer une pression sur Arafat pour le contraindre à durcir la lutte contre les fauteurs de trouble, qu'Israël accuse d'être épaulés par des policiers. Ces représailles ciblées s'intensifient après l'élection de Sharon et l'aggravation du conflit. On vise alors les infrastructures davantage que les hommes. L'opération « Mur de protection » lancée fin mars 2002 a mis à mal l'ossature d'une future armée d'un État palestinien, qu'Israël ne peut envisager que démilitarisé.

À l'issue de la campagne militaire lancée par Tsahal, plus des trois quarts des bâtiments des forces de sécurité au service d'Arafat ont été détruits. Les militaires israéliens sont allés jusqu'à pousser l'humiliation en hissant le drapeau frappé de l'Étoile de David sur le quartier général de la Sécurité préventive, commandé par leur ami Jibril Rajoub, à Beitounia dans les faubourgs de Ramallah. À travers la bande de Gaza, après un an et demi de violences, seuls subsistent les sièges de la Sécurité préventive de Mohamed Dahlan et des Renseignements généraux d'Amine al Hindi. Outre les déprédations, Tsahal a saisi les archives : six années de patient fichage des activistes opposés à la paix sont passées aux mains de l'adversaire. Pour les hommes d'Arafat, cela signifie quasiment un redémarrage à zéro de leurs tâches.

Au fur et à mesure que les bâtiments de la Force 17, la garde personnelle d'Arafat, volent en éclat sous les centaines de kilos de bombes larguées par Tsahal, les services de sécurité palestiniens se sont trouvés en porte-à-faux, tiraillés entre deux tentations antagonistes : redevenir le bras armé d'un mouvement de libération nationale ou rester, malgré les humiliations, le garant d'une paix à reconstruire. Ce dilemme est aujourd'hui au cœur des contraintes imposées aux hommes d'Arafat. Comment peuvent-ils, sans grands moyens, lutter contre le terrorisme ?

Pendant les années d'Oslo, les policiers palestiniens demeurèrent en retrait d'affrontements sporadiques avec l'armée israélienne, à l'exception des émeutes du Tunnel dans la Vieille Ville de Jérusalem, en septembre 1996[1]. Malgré les faibles avancées du processus de paix, ils restèrent fidèles à la tâche qui leur était assignée dans les arrangements : empêcher tout attentat contre l'État hébreu. Une tâche malaisée compte tenu des exigences auxquelles ils étaient soumis.

Aux termes des accords d'Oslo 2 signés en septembre 1995, l'Autorité palestinienne doit en effet assurer la sécurité d'Israël, y compris celle des 200 000 colons installés en Cisjordanie et dans la bande de Gaza. Elle doit « agir systématiquement contre toute expression de violence et de terrorisme », « arrêter et juger les individus soupçonnés d'avoir perpétré des actes de violence et de terrorisme », et « coopérer en matière d'échanges d'informations aussi bien qu'en terme de politique et d'activités » avec les services de sécurité israéliens. Elle n'est en « aucune circonstance » autorisée à arrêter ou détenir des Israéliens, y compris à l'intérieur des territoires

1. Le creusement d'un tunnel sous la vieille ville de Jérusalem souleva la colère de milliers de manifestants palestiniens en plusieurs endroits de Cisjordanie. Des policiers palestiniens participèrent alors aux tirs contre Tsahal.

autonomes. En cas d'interpellation d'un ressortissant israélien dans ces zones, la composante israélienne de la patrouille conjointe se charge de l'appréhender.

Ces engagements rendent contre-productive, pour Arafat, l'option de la violence comme levier de pression face à Israël. Sa police se doit de réprimer les émeutiers. Il le comprend rapidement lors des émeutes du Tunnel, quand, après trois jours de combat entre ses hommes et l'armée israélienne, il voit le piège[1] que lui tend Benyamin Netanayhou, Premier ministre à l'époque. Il décide alors de calmer la situation. Quatre ans plus tard, les frustrations sont telles qu'il fait un choix différent, sans toutefois ordonner à ses hommes de participer aux combats.

La responsabilité de protéger Israël incombe à « une force de police puissante », dont la mutation éventuelle en armée devait être inscrite au menu des négociations sur le statut définitif des territoires palestiniens, qui auraient dû démarrer en mai 1999. Elle doit constituer « la seule force de sécurité » déployée dans les territoires sous contrôle palestinien. Ses effectifs atteignent aujourd'hui environ 50 000 hommes, c'est-à-dire

---

1. En représailles aux violences, Benyamin Netanyahou envisageait de réoccuper une ville autonome, Jéricho.

le double de ce qui était autorisé dans les accords d'Oslo.

Les noms des recrues et la liste de leurs armes sont connus des autorités israéliennes, pour éviter l'infiltration d'éléments indésirables. L'État hébreu, au fil des années, protesta mollement, escomptant de cette inflation, au profit des services de renseignements, une lutte plus efficace contre les opposants à la paix et, en premier lieu, les islamistes.

La reconversion de guérilleros en gardiens de la paix se heurte à de nombreux obstacles : nouveauté du contexte pour une majorité d'anciens de l'Armée de libération de la Palestine (ALP) stationnés dans les pays arabes, séparation du territoire en deux entités (Gaza et Cisjordanie) qui oblige à la création de centres de commandements parallèles, cohabitation souvent difficile entre les « exilés » et les anciens shébabs de la première Intifada qui aspiraient à s'intégrer au processus étatique.

Malgré un contexte difficile, les forces de sécurité remplirent leur mission. Un rapport d'experts internationaux, parrainé par Michel Rocard, et des notes de la CIA, devenue arbitre sur le terrain, attestent des résultats positifs obtenus. Les exigences de la lutte antiterroriste contrarient fréquemment le respect des droits de l'homme, mais la communauté internationale a d'autres priorités que le bon traitement des prisonniers dans les geôles palestiniennes.

Malgré certains efforts de rationalisation entrepris sous la pression des bailleurs de fonds, de sérieux problèmes remettent en cause les forces de sécurité placées sous les ordres d'Arafat. Principal grief : le manque de coordination et l'absence de hiérarchie entre les différents services. Ceux-ci sont pléthoriques. On dénombre 13 agences chargées de la sécurité, qui s'apparentent à autant de milices[1]. L'Autorité n'hésite pas à recourir aux pompiers pour arrêter des intégristes ! La plupart des agences disposent de leur propre centre de détention. S'arracher les détenus est une pratique courante.

Arafat opte pour une recette éprouvée : diviser pour mieux régner. La prolifération engendre les rivalités qu'il est le seul à pouvoir trancher, puisque tous les services dépendent de lui, et qu'il est responsable de toutes les nominations. Si certains des chefs, comme Jibril Rajoub et Mohamed Dahlan, à la tête de la Sécurité préventive en Cisjordanie et dans la bande de Gaza, participent au partage de la rente liée aux monopoles sur l'im-

1. Lors de l'inauguration du Q.G. des Renseignements généraux d'Amine al Hindi à Gaza, au printemps 2000, des coups de feu tirés par deux clans rivaux au sein du service ont émaillé la cérémonie.

portation de certaines marchandises dans les territoires, c'est pour disposer d'une marge de manœuvre financière.

L'absence d'une loi sur leur fonctionnement encourage de nombreux abus. L'inflation des effectifs engendre des salaires ridiculement bas (1 000 shekels pour une jeune recrue, soit 260 euros), qui nourrissent les tentations d'arrondir les fins de mois par d'autres prestations. Les abus de position dominante sont nombreux, notamment en matière de collectes de taxes, ou de « dons » réclamés à des commerçants en échange d'une protection (à Jérusalem-Est en particulier). Un responsable à Gaza a longtemps utilisé les machines à laver industrielles destinées aux pompiers comme laverie pour les vêtements de seconde main, importés dans le territoire autonome par des hommes d'affaires.

Pour la population, l'Autorité n'a fait que copier le modèle de l'État policier, en place dans la quasi-totalité des pays arabes voisins. À sa décharge, les experts internationaux, familiers des services de sécurité palestiniens, soulignent qu'il est quasiment impossible de mettre en place une infrastructure policière en l'espace de quelques années, dans un contexte d'occupation prolongée et de souveraineté limitée.

Le témoignage de Issa, un ancien membre de la Force 17, la garde prétorienne d'Arafat, qui a démissionné en 2001 de son poste à Ramallah, met en lumière certains de ces dysfonctionnements.

« Dans le secteur de Ramallah, la Force 17 est composée de la Force exécutive (les patrouilles, l'entourage du président, les espions chargés des autres forces), d'une Police militaire interne, distincte des Renseignements militaires, du département de la sécurité et des renseignements, de l'approvisionnement (nourriture et armes), des patrouilles, des gardes du corps, des amis de la Force 17 et des donateurs financiers. C'est un système très compliqué. Le noyau dur, la Force exécutive, est forte d'environ 1 000 hommes. Ce sont pour l'essentiel des gens venus de l'extérieur. À Ramallah, les rivalités entre services sont lourdes. Le plus mal vu est le service des renseignements militaires de Moussa Arafat, neveu d'Arafat. Il est haï par tous les autres. Ils essaient de nous infiltrer. Les rapports avec la police civile sont assez mauvais. On les appelle les “mouches bleues”. Ils n'ont pas d'expérience et ils sont sous-équipés. Ils n'arrivent même pas à régler les problèmes de circulation. La Sécurité préventive est la plus efficace, mais elle n'est pas très bien vue pour avoir collaboré avec la CIA et le Shin Beth. La contrebande est assez répandue. Au sein de la Force 17, certains étaient chargés des voitures volées et du trafic des téléphones portables. En 1999, au siège du gouvernorat, on a découvert qu'il manquait 22 000 balles, 40 grenades et une mitraillette 150 mm censés appartenir à la Force 17. Elles avaient été vendues à un autre service de sécurité. Dans la Force 17, la situation dépend surtout du chef. À Bethléem, le commandement est sérieux, il y a moins de problèmes. À Gaza aussi, le service fonctionne bien. Le patron Faisal Abou Shark est présent. À Ramallah, j'ai vu Abou Daamra, notre chef, seulement quatre ou cinq fois en trois ans. »

L'Intifada a mis crûment en lumière les faiblesses des forces de sécurité palestinienne et exacerbé les contraintes qui pèsent sur elles. De la tentation d'aller au combat aux difficultés d'arrêter des activistes, elles sont nombreuses. L'impossibilité de se déplacer entre les zones autonomes, après les bouclages imposés par Tsahal, n'a fait que compliquer leur tâche. Quelle que soit l'issue de l'Intifada, le fonctionnement et la gestion des forces de sécurité palestiniennes devront être revus, si un État palestinien voit le jour.

Des policiers au front

Si des éléments de la sécurité participent à la lutte armée contre Israël, ce n'est pas sur ordre direct d'Arafat. Pour couper court aux accusations israéliennes d'alimenter la guérilla, l'Autorité palestinienne prend soin de se démarquer du champ de bataille, afin de maintenir le cap d'une issue négociée à la crise.

Pour autant, les passerelles sont souvent évidentes, en particulier durant les premiers mois du soulèvement, ou au printemps 2002, face à l'entrée des chars et des tanks dans la plupart des villes autonomes. Selon le général Shaul Mofaz, chef d'état-major de Tsahal, au 18 décembre 2001, sur les 242 Israéliens tués depuis le début de l'Intifada, 80 au moins l'ont été par des membres des forces de sécurité palestiniennes.

Aucun service de police n'a participé en bloc et durablement à la résistance. Pour sauver les apparences, le passage à l'acte s'opère essentiellement de manière individuelle. Issa, l'ex-membre de la Force 17, explique le ressort personnel d'un engagement aux côtés de la résistance : « Un policier qui voit un de ses amis se faire tuer par un soldat israélien, quand il rentre chez lui, après son travail, il a envie de riposter. »

Les membres de la Sécurité préventive dirigée dans la bande de Gaza par le colonel Mohamed Dahlan font partie de ceux qui vont s'engager. Certains éléments des services de renseignements généraux en Cisjordanie du commandant Tawfiq Tirawi et des membres de la Force 17, la garde présidentielle, ont aidé directement des Tanzim en Cisjordanie. Arafat n'ignore pas leur implication dans la bataille. Il laisse faire, mais jusqu'à un certain point. Au printemps 2002, il n'hésite pas à démettre de leurs fonctions deux de ses gardes personnels, l'un parce qu'il participait aux tirs et l'autre pour avoir « trop parlé ». À partir de cette date, les téléspectateurs ne verront plus apparaître, près d'Arafat, ce personnage au visage rond et moustachu, Mohamed Dayia, son fidèle garde du corps.

Dans la région de Ramallah, la Force 17 et son chef, Mohamed Daamra, ont activement soutenu les combattants. Un des adjoints de ce commandant est responsable de la milice issue de la Force 17 qui faisait le coup de feu autour du camp de réfugiés de Kalandia. Dans le nord de la Cisjordanie, à Naplouse et à Jénine, de nombreux policiers ont participé à la résistance, encouragés par les islamistes et la vigueur des frappes israéliennes. À Rafah et dans la bande de Gaza, la Sécurité préventive a fourni l'essentiel des bataillons.

Au-delà d'une unanimité de façade au soutien à l'Intifada, la position des responsables des services de sécurité n'a pas été uniforme, signe une fois encore des tiraillements internes qui secouaient la direction palestinienne face à la réponse à donner au soulèvement. Dès le début, Jibril Rajoub, chef de la Sécurité préventive en Cisjordanie et Amine al-Hindi, chef des renseignements généraux dans la bande de Gaza, s'opposent à la participation de leurs membres aux actions anti-israéliennes. Ils ont veillé ensuite à ne pas « salir » leur service, facilitant ainsi sa reprise en main, quitte à s'attirer les critiques de la population. En l'absence de stratégie définie par Arafat, chaque responsable s'est positionné en fonction d'intérêts personnels ou d'enjeux de pouvoirs locaux.

Certains avaient en tête la redistribution des cartes à la sortie de la crise. D'autres le souci de laver leur réputation. C'est le cas de l'ambitieux Mohamed Dahlan, un des successeurs potentiels d'Arafat. Le chef de la Sécurité préventive à Gaza choisit d'accompagner la révolte en y envoyant une partie de ses troupes, sous la supervision de ses subordonnés, Rashid Abou Shbak et Samir Mashraoui. Originaires de Gaza, celles-ci connaissent parfaitement le terrain et les activistes qu'elles ont côtoyés pendant la première Intifada.

Venant de la part de celui qui était encore le favori d'Israël quelques semaines avant le début de la révolte, la volte-face surprend. L'ancien leader de la Shabiba, le mouvement de jeunesse du Fatah, chercha à faire oublier son passé de « collaborateur » des services de renseignements israéliens et américains dans la chasse aux islamistes, qu'il conduisit sans état d'âme entre 1996 et

2000. Sa contribution à réduire la menace intégriste l'a convaincu que les Palestiniens détiennent la clé de la sécurité d'Israël.

En épaulant les activistes, il pensait faire d'une pierre deux coups : exercer une pression sur Barak, qui le forcerait à des concessions au moment du retour à la table des négociations, et mieux contrôler la résistance. Dahlan commit une erreur d'appréciation. Ses hommes ne se signalèrent pas par leur efficacité militaire. Barak ne céda pas, et l'impasse se prolongea avec l'élection de Sharon, qui avait réclamé sa tête quelques mois plus tôt.

Au printemps 2001, le jeune colonel comprit le danger de sa stratégie et fit machine arrière. L'a-t-il mis au point seul ou a-t-il profité de la tactique de laisser-faire adoptée par Arafat ? Le 20 novembre 2000, deux jours après l'infiltration d'un de ses hommes dans la colonie de Kfar Darom au cours de laquelle un soldat fut tué, une nouvelle attaque contre un bus de colons dans la bande de Gaza, imputée par Israël à la Sécurité préventive, s'attira les critiques d'Arafat qui condamna l'attentat, une première dans le cas de colons pris comme cible.

Avec l'adoption du rapport Mitchell en mai et du plan Tenet en juin 2001, une reprise en main sécuritaire a succédé au laisser-faire des premiers mois. À certains points chauds, comme Beit Jala et Hébron, des patrouilles ont été déployées pour dissuader les francs-tireurs d'attaquer des objectifs israéliens. De discrets observateurs européens et américains épaulèrent les policiers pour veiller au cessez-le-feu. Ce tour de vis sécuritaire connut un certain succès, mais sa réussite ne pouvait être que temporaire.

Faute de perspective politique offerte à la résistance, l'attitude ambiguë de certains policiers se poursuivit. Fin janvier 2002, lors d'un des premiers tirs de missiles *Kassam 2* à partir de Beit Hanoun dans le nord de la bande de Gaza contre des cibles israéliennes, trois membres des Forces de sécurité nationale virent les islamistes préparer leur attaque. Lorsqu'ils appelèrent leurs supérieurs pour demander des consignes, ceux-ci s'abstinrent d'en donner.

Un mois auparavant, le 18 décembre, deux jours après l'appel à la trêve lancé par Arafat, pour la première fois, une quinzaine de membres de la Sécurité préventive avaient été arrêtés près de Rafah pour avoir participé à des tirs de mortiers contre des objectifs israéliens.

Le chef de l'Autorité palestinienne tient à contrôler le niveau de violence de ses forces de sécurité. Sur la liste des 33 activistes recherchés par Israël, remise à Arafat par l'émissaire américain Anthony Zinni à l'automne 2001, une demi-douzaine d'activistes sont membres des services de renseignements généraux de Tawfiq Tirawi en

Cisjordanie. Avant l'offensive de Tsahal, ils n'étaient pas en prison mais sous contrôle. L'opération « Mur de protection » a bouleversé la donne. Ceux qui n'ont pas été arrêtés auront encore plus de mal dans l'avenir à restreindre leurs ardeurs combatives. Le retour au bercail des policiers « détachés » aux côtés des activistes pourrait également rencontrer des difficultés.

L'INFILTRATION ISLAMISTE

Avant d'aller perpétrer son attentat-suicide, Abou Baker, 23 ans, n'a laissé aucune lettre d'explication à ses parents. Dans une pièce aux murs décrépis, les hommes, assis sur des paillasses, les pieds nus en signe de respect de la tradition, s'interrogent sur le virage radical du jeune policier apparemment sans histoire. La famille, des modestes paysans, habite Qabatieh, un village près de Jénine dans le nord de la Cisjordanie, réputé pour son activisme.

Abou Baker a rejoint la sécurité palestinienne en 1999. Il travaillait auparavant en Israël. Depuis l'Intifada, il se plaignait que la police ne fît rien contre les collaborateurs qui renseignaient le Shin Beth. Il paraissait perturbé, mais personne ne s'imaginait qu'il était sous influence. En juin 2001, il a donné sa démission de la police.

Le 12 août suivant, en fin d'après-midi, Abou Baker est entré dans un café de Kiriat Motskin, près d'Haifa, et s'est fait exploser avec sa bombe. L'attentat, mal préparé, revendiqué par le Jihad islamique, fit plusieurs blessés légers. À son entrée dans le bar, Abou Baker s'écria naïvement : « Je suis le kamikaze. » Faute d'un système de télécommande à distance pour la mise à feu des deux kilos d'explosifs de mauvaise qualité qu'il portait à la ceinture, c'est au moyen d'un briquet qu'il alluma la mèche de sa bombe, avant de mourir.

Abou Baker était gardien à la prison de Jénine, un emploi en bas de l'échelle pour lequel il était payé 1 000 shekels (260 euros). Il était notamment chargé de la surveillance d'Iyad Hardan. À 27 ans, ce dernier était l'artificier du Jihad islamique pour le nord de la Cisjordanie, et, à ce titre, responsable de la plupart des attentats anti-israéliens commis par le mouvement intégriste depuis le déclenchement de l'Intifada. Un gros poisson parmi les activistes les plus recherchés par Israël, auquel la sécurité palestinienne avait offert « une protection » en le détenant. Hardan était autorisé à sortir une fois par jour de sa cellule et pouvait suivre des cours à l'université de Jénine. C'était un personnage charismatique au pouvoir de persuasion indiscutable, selon un visiteur étranger.

Le 5 avril 2001, Iyad Hardan a trouvé la mort dans l'explosion d'une bombe qui avait été dissimulée sous la cabine téléphonique à partir de laquelle il appelait un ami. Ses obsèques ont donné lieu à d'impressionnantes manifestations à Jénine et dans son village natal d'Araba. Du fond de sa geôle, il avait réussi le tour de force de retourner son maton Abou Baker et de le convaincre d'abandonner l'uniforme pour devenir un kamikaze. Avant de mourir, il eut le temps d'envoyer un autre policier commettre une action anti-israélienne. À Jénine, Iyad Hardan s'est forgé une légende.

Abou Baker est loin d'être le seul policier à avoir sauté le pas de la violence aveugle. Depuis le début de l'Intifada, plusieurs auteurs d'attentats-suicides étaient membres des forces de sécurité. Certains ont agi par désespoir ou pour venger la mort d'un frère ou d'un ami. D'autres ont été recrutés par les mouvements islamistes qui sont parvenus à infiltrer les services de sécurité de l'Autorité autonome. Une dérive inquiétante, dont l'ampleur est restée limitée, mais qui est encouragée par l'intensité de la répression israélienne.

La police civile, chargée de la circulation routière, est la cible privilégiée des infiltrations islamistes. Les procédures de recrutement y sont beaucoup moins sévères que dans les autres services et, contrairement à ceux-ci, l'appartenance au Fatah, la faction d'Arafat au sein de l'OLP, n'est pas une condition *sine qua non* à l'embauche. Afin d'échapper aux Israéliens, Mahmoud Abou Hounoud, un des chefs de la branche militaire du Hamas, avait recruté un membre de la police civile qui lui avait prêté son véhicule et une tenue officielle pour passer inaperçu dans son village d'Assira Ashamalie, près de Naplouse[1].

Ces infiltrations visent surtout des éléments du bas de la hiérarchie, mais elles sont aidées par certains officiers, excédés par l'impuissance palestinienne devant les frappes israéliennes. La contagion affecte le nord de la Cisjordanie, où l'Autorité palestinienne est en butte à des difficultés. La police civile ne découvre parfois qu'après publication du communiqué du Hamas revendiquant un attentat que son auteur était un « barbu » fraîchement converti. Ces infiltrations sont le dernier avatar des relations ambiguës entre les forces de sécurité et les islamistes, que l'Intifada n'a fait que renforcer.

Pour affaiblir la branche militaire du Hamas, responsable des principaux attentats anti-israéliens, la Sécurité préventive de Mohamed Dahlan

1. Entretien avec un proche d'Abou Hounoud, Naplouse, le 10 février 2002.

entreprit, dès 1995, d'infiltrer celle-ci. En tout une vingtaine d'ex-intégristes seront débauchés au cours des années suivantes (Abdel Saatari, Awad Silmi, Sinwar, Adnan al-Goul). L'opération connut un succès mitigé[1].

La suspicion continua de peser sur les relations entre les islamistes et la sécurité. Des agents doubles furent arrêtés à plusieurs reprises, de même qu'un membre de la Force 17, recruté par le Hamas.

Pour qui « roulent » aujourd'hui ces transfuges ? Le cas d'Adnan al-Goul est à cet égard particulièrement intéressant. C'est un des principaux experts en explosifs du Hamas, formé en Syrie dans les années 1980 par le Front populaire de libération de la Palestine-Commandement général d'Ahmed Jibril, et recruté par la sécurité palestinienne au milieu des années 1990. Il figure parmi les activistes les plus recherchés par Israël. En août 2001, un hélicoptère de combat a visé sa voiture dans la bande de Gaza, manquant sa cible mais tuant son fils, Bilal, également membre de la Sécurité préventive et proche du Hamas. Ces dernières années, Adnan al-Goul a été emprisonné à plusieurs reprises, mais a réussi à s'échapper grâce à l'aide de sa femme. Cet « élec-

1. *Gaza : la violence de la paix*, Laeticia Bucaille, Presses de Sciences Po.

tron libre », à défaut d'être un agent double, serait aujourd'hui sous contrôle et l'Autorité utiliserait même parfois ses compétences.

En période de conflit ouvert avec Israël, la tentation de renouer avec les allégeances initiales s'exerce sur d'autres « anciens combattants », réapparus à la faveur du processus de paix. Ces dernières années, des responsables du Jihad islamique (Abdel Aziz Oudeh en particulier) et du groupe terroriste Abou Nidal[1] rentrèrent à Gaza, avec l'aval d'Israël. Le marché qui leur était proposé était le suivant : « Vous signez une renonciation à la violence, vous nous donnez vos archives et vos contacts, et, en échange, on vous laisse en paix. » Des responsables du FPLP-CG d'Ahmed Jibril revinrent eux aussi au pays en 1999. Au début de l'Intifada, l'Autorité les autorisa à ouvrir des bureaux dans plusieurs villes de Cisjordanie où ils ont pignon sur rue et maintiennent le contact avec Damas, siège du FPLP-CG. Officiellement, leurs activités sont limitées au domaine politique, mais une participation de leurs membres — peu nombreux — aux opéra-

1. Amine al Hindi, chef du service des Renseignements généraux dans la bande de Gaza, négocia le retour de ce qui restait du groupe terroriste, après la maladie de son chef Abou Nidal.

tions armées conduites par d'autres groupuscules paraît vraisemblable.

Le casse-tête des arrestations

Les arrestations d'activistes palestiniens réclamées par Israël constituent l'exigence la plus difficile à assumer par les forces de sécurité de Yasser Arafat. En accomplissant leur mission, celles-ci se heurtent à une opinion, massivement opposée à ces incarcérations requises dans un contexte de siège des villes et de représailles militaires massives.

Certaines interpellations se transforment en véritable pugilat. Des policiers se font traiter de collabos et doivent renoncer, sous les jets de pierres de la foule, y compris des partisans de Yasser Arafat. Les arrestations suscitent régulièrement des tensions au sein de l'appareil sécuritaire palestinien, certains responsables refusant carrément de « faire le sale boulot au profit d'Israël ». La complexité des structures familiales ajoute souvent à la difficulté. L'exemple de la famille Abou Amra, habitant le camp de réfugiés de Jabalya, dans la bande de Gaza, témoigne de ce casse-tête.

Le 3 décembre 2001, en plein Ramadan, Jalal, les paumes jointes devant le visage en signe de purification, prie dans une pièce de la maison familiale. Al-Manar, la télévision du Hezbollah, de plus en plus regardée dans les territoires palestiniens, annonce qu'un attentat a été commis à Haïfa. Le jeune homme lève alors les bras au ciel et s'écrie : « Allah Akbar » (Dieu est grand), avant de reprendre sa méditation. Neuf jours après la liquidation par Israël d'un de ses chefs militaires, un kamikaze recruté par le Hamas riposte en se faisant exploser parmi la foule, et tue 15 Israéliens. La veille déjà une opération meurtrière signée du Mouvement de la Résistance islamique avait fauché dix passants au centre de Jérusalem. Jalal ne dissimule pas sa joie[1]. Œil pour œil, dent pour dent : la loi du talion est la seule qui compte à ses yeux.

La famille Abou Amra, elle, affiche un silence plutôt gêné. Ces réfugiés sont un concentré des contradictions palestiniennes en ces temps de révolte. Ils habitent une masure en parpaings à Jabalya, le plus grand camp de la bande de Gaza, devenu au fil des années un vivier islamiste.

Youssef, le père, travaillait comme chauffeur de bus en Israël jusqu'au déclenchement de l'Intifada. Il est désormais au chômage. Deux autres de ses fils, Ihab et Mohamed, sont membres de la sécurité palestinienne, pas forcément par voca-

1. Entretien avec l'auteur le 3 décembre 2001, Jabalya.

tion, mais parce que c'est le principal débouché à Gaza. Ils désapprouvent les attentats terroristes à l'intérieur d'Israël, mais, impuissants face aux bombardements dont ils sont régulièrement la cible depuis des mois, ils affichent de la compréhension, voire du respect, face aux représailles islamistes. Comme si ces derniers ripostaient par procuration aux missiles israéliens qui s'abattent sur leurs positions, assurant d'une certaine façon la rédemption de leur honneur bafoué. Et pourtant, Ihab et Mohamed n'ignorent pas le casse-tête auquel ils vont être confrontés.

La veille, peu avant l'Iftar, la rupture du jeûne, Jalal a brusquement quitté le foyer pour secourir un haut responsable du Jihad islamique que la police d'Arafat voulait incarcérer. L'affaire s'était soldée par un compromis boiteux, et une retraite des hommes d'Arafat, sous les quolibets de la foule. Les échauffourées venaient de placer Jalal dans le collimateur des forces de sécurité. Le voilà désormais recherché par la police.

Le lendemain, son frère Ihab reçoit un appel téléphonique d'un de ses chefs : « Nous voulons Jalal », lui enjoint le responsable. Ihab est embarrassé. Que faire ? « Je suis dans une situation très difficile. C'est mon frère. Je n'aime pas le Jihad, mais je ne veux pas qu'il lui arrive du mal[1]. » Ihab

---

1. *Le Figaro*, 4 décembre 2001.

conclut « un accord » avec son frère au terme duquel ce dernier s'engage à se faire discret.

Jalal passe alors régulièrement à la maison, mais seulement pour de brefs séjours. Il se cache avec son kalachnikov, mais son père qui a maintenu le contact connaît sa planque.

Jalal est l'enfant terrible de la famille. Il était lui aussi membre de la police jusqu'en 1999. Écœuré face aux retards du processus de paix, il a rejoint ensuite le Jihad islamique. Son père ne pense qu'à une seule chose : « Je veux le marier pour qu'il s'éloigne du Jihad. Je veux le protéger. C'est mon fils. »

Avec ses yeux vert olive et ses cheveux châtains, Jalal a un visage de jeune premier égaré chez les fondamentalistes. Sa détermination et sa puissance physique lui ont forgé une image de héros. Il soutient que le combat qu'il mène est légitime et se poursuivra tant que n'aura pas pris fin l'occupation des territoires palestiniens. La famille ignorait que derrière ce visage d'ange se cachait l'un des chefs de la branche militaire du Jihad pour le nord de la bande de Gaza.

Les frictions interpalestiniennes, consécutives à la trêve décrétée par Arafat le 16 décembre 2001, vont le faire sortir du bois. Dans la nuit du 21 au 22 décembre, Jabalya connaît ses affrontements les plus violents depuis cinq ans. Les tentatives de la police pour arrêter des sympathisants intégristes se heurtent à une résistance opiniâtre de la part de ces derniers. Jalal est parmi les tireurs qui font feu sur les policiers... dont son autre frère Mohamed. À une heure du matin, alerté par la rumeur, Ihab et son père tentent de ramener Jalal à la maison. Face à l'intensité de la violence (six tués), ils ne pourront l'approcher.

Mort ou vif : c'est le message martial que la police transmet le lendemain à la famille. Elle accuse Jalal de nombreuses actions anti-israéliennes et d'avoir tué la veille des manifestants à Jabalya.

Entre-temps, Jalal a repris le chemin de sa tanière. Son père, accompagné de deux responsables de la sécurité lui ayant promis qu'ils le placeraient en détention dans un hôtel, amorce alors les contacts avec le fils rebelle.

« Tu peux me tirer dessus si tu veux. Je te promets qu'ils ne vont pas te faire de mal, s'ils t'arrêtent. » Jalal ne veut pas se rendre. « Les gens t'accusent d'avoir fait beaucoup de choses. On ne veut pas que tu meurs. » Finalement, il sort de sa cache.

L'un des responsables de la sécurité appelle alors le gouverneur pour lui annoncer la nouvelle, mais ce dernier ne sait pas où incarcérer Jalal. Un pareil activiste ne peut pas être mis dans n'importe quel cachot. Le gouverneur propose à Ihab de le garder, jusqu'à ce qu'il trouve un lieu sûr.

En contrepartie, Ihab se porte garant que son frère ne profitera pas du répit pour s'évader. Le gouverneur prodigue un dernier conseil à Ihab : « Ne dites à aucun autre service de sécurité qu'on vient d'arrêter le responsable de la branche militaire du Jihad pour le nord de Gaza. »

Jalal sera finalement emprisonné. Les policiers lui ont confisqué son kalachnikov et son père a rabroué des dirigeants du Jihad venus aux nouvelles. Après un mois de détention, il a demandé à ses gardiens pourquoi ils ne l'avaient pas remis en liberté comme promis. Ces derniers lui ont répondu qu'il était davantage en sécurité en prison que dehors, à portée des missiles israéliens. Finalement Jalal retrouva la liberté grâce aux tirs de l'aviation ennemie. Mi-février, Tsahal bombarda l'enceinte de la Saraya à l'intérieur de laquelle est située la prison de Jalal. La plupart des détenus ont été libérés.

C'est un autre casse-tête auquel sont régulièrement confrontées les forces de sécurité. Que faire des prisonniers en cas de bombardement des centres de détention ? L'Autorité palestinienne se doit de les protéger, aux termes de la Convention de Genève qu'elle a signée. Face au piège tendu par Sharon, elle alternera vigueur et compréhension dans la gestion du dossier.

En attendant, Jalal a promis à son père qu'il renoncerait au Jihad et qu'il allait exaucer son vœu de se marier. Tant que l'occupation continuera, son frère Ihab ne se fait guère d'illusions sur la renonciation de l'ex-policier devenu intégriste par dépit. « Il a versé du sang palestinien, c'est la ligne rouge, il doit être puni », dit-il. Son arrestation négociée a été un moment pénible à vivre pour la famille. Jalal est désormais « wanted » par Israël.

De l'humiliation à la démission

Durant l'été 2001, l'unité de déminage de la police palestinienne est appelée à intervenir près de la colonie israélienne de Netzarim dans le centre de la bande de Gaza. Un engin suspect a été découvert par un voisin palestinien. L'explosif d'une trentaine de kilos, fabriqué localement, a été dissimulé à 200 mètres environ d'une route empruntée par les colons. Depuis un an, la pose de mines est une technique de combat, héritée du Hezbollah, à laquelle les activistes ont recours. La zone est sous le contrôle sécuritaire palestinien : le responsable de l'unité prévient les militaires israéliens, déployés autour de la colonie, que ses hommes vont se rendre sur place pour neutraliser la bombe. « Allez-y », leur répond un soldat de Tsahal. Quatre démineurs, sans armes, sont dépêchés sur place mais, par acquis de conscience en cette période troublée, leur responsable avertit une seconde fois Tsahal. Les spécialistes font exploser l'engin et, immédiatement après, essuient des coups de feu tirés dans leur direction. Ils sont contraints d'abandonner leurs équipements sur place, alors que des tanks israéliens procèdent à un mouvement d'intimidation.

« Pourquoi nous avez-vous tiré dessus ? On vous avait prévenus », proteste le Palestinien. « On s'est fait tirer dessus nous aussi avant », lui répond l'Israélien. Ce ne sera pas la seule fois où les démineurs palestiniens auront à affronter les Israéliens. Le but de la manœuvre est simple : laisser les Palestiniens faire exploser les engins suspects puis provoquer leur départ en ouvrant le feu, afin de récupérer ensuite les explosifs neutralisés qui seront analysés dans les labos spécialisés.

Avant même l'opération « Mur de protection » pendant laquelle les policiers payèrent un lourd tribut à la violence, les humiliations ont été nombreuses. Un membre de la Sécurité préventive fut déshabillé à un *check-point* près de Bethléem, avant d'être exposé nu sur un tank dans son village. Un autre a été tué à Hébron, après avoir averti Tsahal qu'il allait tenter de dissuader des shebabs de tirer sur des objectifs israéliens. Ces débordements ont été mis en avant par les réservistes israéliens qui refusent de servir dans les territoires palestiniens. Ils ont creusé le sentiment de frustration et renforcé la volonté d'en découdre chez certains. Leur impuissance face aux incursions militaires israéliennes les a exposés parfois à la moquerie de leurs compatriotes. Certains se sont faits discrets au cours de l'Intifada.

En attaquant l'appareil sécuritaire palestinien, Sharon veut les pousser aux côtés de la résistance, pour discréditer une Autorité accusée de fomenter le terrorisme. Cette thèse est acceptée par de nombreux diplomates étrangers. Au cours de l'été 2001, un débat agita les cercles politiques palestiniens et de la société civile sur l'opportunité d'un saut dans la clandestinité. Une telle décision ne peut venir que d'Arafat : elle paraît peu probable dans la mesure où elle tournerait le dos sans doute définitivement aux espoirs de parvenir encore à la paix.

Humiliés, déçus parfois du comportement de leurs responsables, certains choisissent de démissionner. Le témoignage d'Issa, ancien de la Force 17, résume la profonde désillusion de la sécurité palestinienne.

« En 1998, quand j'ai rejoint la force exécutive, j'étais plein d'enthousiasme, fier de servir ma patrie. J'ai monté la garde à un *check-point*. J'ai fait du renseignement à Jérusalem-Est sur les espions de la première Intifada. En accord avec les Israéliens, on s'occupait aussi de la répression de la criminalité à Jérusalem-Est, où ils interviennent peu. J'apprenais mon métier. Comment interroger un suspect ? Estimer une situation ? Comment faire passer un message codé à des collègues à Gaza ? J'ai suivi un stage commando de rapprochement de garde du corps. Ça me plaisait. On pensait que l'on aurait un État. L'Intifada a tout changé. Pour des raisons de sécurité, à partir de la fin 2000, j'ai travaillé au Q.G. de la Force 17 à Abou Dis sous la direction de Kifar Barakat. C'est un homme sérieux. J'ai arrêté quand les Israéliens ont pris d'assaut notre bâtiment en août 2001, le lendemain de l'attentat contre la pizzéria Sbarro à Jérusalem. L'assaut a coincidé avec le transfert à Bethléem de documents confidentiels. Les Israéliens ont été renseignés par un membre de la Force 17, j'en suis convaincu. Ils sont arrivés exactement au moment où l'on sortait les documents du bâtiment. C'était l'après-midi, on était dans la cour, on chargeait le véhicule. Ces documents contenaient des informations sur les groupes islamistes, et les opposants au processus de paix interrogés par nos services.

Ce qui m'a déçu aussi tout au long de ces années, c'est la petite mafia qui règne au sein de certains services de sécurité. Ce n'est pas partout comme cela, heureusement. Et puis je sentais qu'on était infiltrés par Israël, que le jeu n'était pas équilibré. Je voyais des collègues qui rentraient dans leur village et les soldats israéliens qui les attendaient à la maison. Mais si ces gens-là avaient été arrêtés, Israël nous aurait menacés de représailles, qu'est-ce qu'on peut faire face à la force ? Après ma démission, les ennuis n'ont pas été terminés pour autant. Un jour, je marchais dans la rue à Jérusalem-Est. C'était pendant le ramadan en décembre 2001. « N'essaie pas de résister », me lance un policier en français. Ils m'ont emmené à la prison de la Moscobieh au centre de Jérusalem. Je suis resté trois heures, isolé dans une chambre. Ensuite, ils sont venus me chercher pour m'interroger. « Que fais-tu dans la Force 17 ? » Je me suis foutu de leur gueule. Excusez-moi, je ne suis pas un superman, je n'ai pas la force de bosser dix-sept heures par jour. « Tu connais Kifar Barakat ? » Ils m'ont gardé vingt-quatre heures.

Cinq-six jours après, ils m'ont de nouveau arrêté. J'étais dans un bar à Jérusalem-Ouest. C'était le même policier. Je suis resté quarante-huit heures. Toujours les mêmes questions. Il voulait me faire peur, que je craque. Ils m'ont frappé sur ma cheville qui est sensible. Ils le savaient. Jérusalem est un petit monde. Le soir je suis allé à une réception organisée par des amis. J'ai retrouvé le type de la police qui m'avait interrogé. Il était en train de danser avec une Palestinienne que je connaissais. J'ai entraîné la fille et j'ai dansé avec elle. J'ai voulu me venger avec un grand sourire. Avant de partir, j'ai demandé à un de mes amis d'aller voir si dehors il n'y avait pas une voiture de la police israélienne. Effectivement, il y en avait deux, garées dans la rue en face. Ils m'attendaient. Le type qui m'avait interrogé avait prévenu un de ses collègues. Je suis parti avec un ami qui a une plaque diplomatique. Je n'ai pas dormi chez moi cette nuit-là. »

Issa ne regrette pas d'avoir démissionné de la Force 17. Il ne veut plus d'histoires. À propos de ses ex-collègues avec lesquels il est resté en contact, il ajoute : « Ils ont envie de riposter, mais ils sont conscients des impératifs politiques. Le commandement est responsable. Ils savent qu'ils doivent calmer le jeu pour gagner la sympathie de la communauté internationale. Quand quelqu'un te gifle, tu ne répliques pas. Tu fais comme l'agneau qui ne répond pas au lion. Ça les énerve. »

VII

La république autonome de Rafah

Majid al-Agha, un gouverneur impuissant face à la résistance

Majid al-Agha est un gouverneur sous les ruines à la tête d'un royaume des ombres. À cinquante mètres des bureaux du représentant d'Arafat, le siège de la police civile est enfoui sous les décombres. Sur un mur d'enceinte, un graffiti, signé de la base du Fatah, son propre mouvement, lui enjoint de « poursuivre les criminels qui collaborent avec Israël et de les punir ». À trois reprises durant cette journée de février 2002, en représailles à des attaques palestiniennes, le gouvernorat a été la cible des avions de combat *F-16* et des hélicoptères *Apache*. Cet homme élégant, aux cheveux poivre et sel, a été nommé par Arafat en juillet 2001 pour reprendre la situation en main dans la zone troublée de Rafah. Un vrai cadeau empoisonné. La ville est avec les camps de réfugiés du nord de la Cisjordanie — Jénine avant sa destruction partielle par Tsahal, Nour el-Sham à Toulkarem et Balata près de Naplouse — autant de poches où l'autorité d'Arafat ne gère plus que les affaires civiles.

En Cisjordanie et à Gaza, la plupart des gouverneurs sont nommés à ce poste, en remerciement de bons et loyaux services rendus à la cause. Ces notables ont des allures de sénateurs, fréquentant les bonnes tables françaises de Jérusalem mais, à quelques exceptions près, leur rôle est plutôt limité.

Majid al-Agha avait été mis en réserve depuis son retour en 1994. Comme d'autres membres de l'entourage d'Arafat, il attendait des jours meilleurs. Blanchi sous le harnais pendant la guerre civile au Liban, il est réputé pour son intégrité et sa poigne de fer. Sa voix grave et son regard sévère en imposent. Face à des activistes rebelles, ce devait être l'homme de la situation.

Au cours des dix premiers mois de l'Intifada, les cessez-le-feu décrétés par Arafat sont restés lettre morte à Rafah. Après chaque appel à l'arrêt des violences, des hommes en armes venaient tirer contre le poste militaire de Termit sur la frontière israélo-égyptienne. Lors des réunions entre responsables sécuritaires des deux camps, la situation à Rafah était régulièrement au centre des conversations. Slogans vengeurs contre une Autorité, accusée de « trahison » ou de « vouloir brader le sang des martyrs contre des dollars », menace de sécession. En juin 2001, l'alerte est jugée sérieuse au plus haut niveau.

À l'extrême sud de la bande de Gaza, Rafah cumule les handicaps, comme si la ville avait été châtiée par le sort. Le gouvernorat est le plus pauvre des territoires palestiniens. Les trois quarts de ses habitants sont des réfugiés entassés depuis des décennies dans des camps insalubres, dont les noms exotiques (Brésil, Canada) rendent mal le sentiment d'enfermement de la population. La proximité de l'armée israélienne qui contrôle la frontière au sud et à l'ouest, et les colonies encerclant Rafah à l'est en ont fait le point de friction le plus régulier de l'Intifada. À partir de ce cul-de-sac on comprend mieux les propos de Barak : « Si j'étais né palestinien, je serais sans doute terroriste. » Et des « terroristes », selon l'État hébreu, il y en a beaucoup à Rafah, où l'armée n'est pas parvenue à les mater.

Jusqu'à l'opération « Mur de protection » au printemps 2002, la ville détenait le triste record du nombre de maisons détruites (273 fin février 2001), des surfaces de terrain cultivé anéanties par les chars (30 hectares) et du nombre de tués pour une ville de 150 000 habitants (109). La région ressemble à un champ de bataille. On n'y accède plus que par une seule route, bordée d'eucalyptus, régulièrement fermée par l'armée israélienne. Depuis le début de la révolte, la voie côtière a été condamnée. Les pêcheurs ne peuvent plus approcher de leurs embarcations et, dans les serres du camp voisin d'al-Mawassi, quasiment coupé du monde, les plantations de marijuana ont remplacé les légumes.

Rafah n'a pourtant pas toujours été ce coin perdu aux portes du désert. Avant la restitution du Sinaï à l'Égypte en 1982, la ville était un centre commercial prospère. Les Bédouins venaient vendre leur sel et déguster la cuisine des *fellahi* (les paysans) dans les restaurants de la rue Salahadine, meurtrie aujourd'hui par les combats. Après la paix signée avec Le Caire, des quartiers devinrent égyptiens. Des familles furent divisées et les affaires périclitèrent sauf pour ceux qui se lancèrent dans la contrebande grâce aux tunnels creusés de part et d'autre de la frontière.

Les tunnels de Rafah, c'est un peu comme l'Arlésienne de Musset. Tout le monde en parle mais personne ne les voit. Et pour cause. Leurs propriétaires sont protégés par les responsables de certains services de sécurité palestiniens qui en verrouillent l'accès, souvent à l'intérieur même d'une maison. Les premiers font bénéficier leurs protecteurs d'une partie de la rente. Les détenteurs de ces précieux accès sont surtout des autochtones installés là avant l'afflux des réfugiés, des Bédouins au passé sulfureux, ayant parfois trempé dans la collaboration avec Israël, auxquels les policiers offrent l'absolution en échange d'un partage du butin.

Ces galeries sont anciennes, mais l'Intifada leur a redonné de l'importance. Auparavant, la contrebande portait sur des marchandises : cigarettes, lait, vêtements, pièces détachées de voitures, drogue[1]. En faction à la frontière, les soldats israéliens étaient parfois impliqués. Désormais, la résistance les utilise également pour s'approvisionner en armes. Au marché noir de Rafah, un kalachnikov s'achète environ 1 000 dinars jordaniens (1 500 euros).

Tsahal livre une lutte sans merci contre le creusement des galeries, n'hésitant pas à raser certains quartiers supposés les cacher. Des militants sont morts, ensevelis sous le sable, mais d'autres ne renoncent pas à en percer de nouveaux. Les plus étroits sont de la taille d'un tuyau d'égout et fonc-

---

1. En 2001, 11 tonnes de marijuana ont été interceptées le long de la frontière égypto-israélienne. À un diplomate européen, le ministre palestinien de la justice confia : « l'Europe peut-elle nous aider à construire un laboratoire antidrogue ? Mon frère est victime du fléau. Ma mère m'a demandé de le tuer, comme le veut la tradition chez les Bédouins. »

tionnent grâce à un système de rails. Les plus larges permettent le passage d'un homme et certains Palestiniens bannis par Israël y ont eu recours pour rentrer au pays, la passe pouvant coûter jusqu'à 5 000 dollars. La sécurité israélienne soupçonne également la mafia russe de les utiliser pour faire venir des prostituées moldaves.

Les tunnels contribuent à réduire la pauvreté. La contrebande est l'une des principales sources de revenus des habitants, interdits d'aller travailler en Israël, depuis le début de l'Intifada.

« L'Autorité ne fait rien pour nous », ne cesse de se plaindre la population. C'est à Rafah, le 1er juillet 1994, qu'Arafat foula le sol de la Palestine pour la première fois, après vingt-sept ans d'exil. Le vent de l'espoir retombé sur le Sinaï, il eut tôt fait d'oublier ces arpents de sable dont la notoriété n'est due qu'à la présence d'un « aéroport international », détruit par Israël. Loin d'être une source de revenus, celui-ci s'est transformé en fardeau pour la ville. 50 hectares de terrain ont été saisis à plus de 200 propriétaires, indemnisés seulement à hauteur de 25 % de la valeur du foncier. L'Autorité ne reverse aucune taxe perçue à la municipalité, alors que ses forces de sécurité ne s'acquittent plus de leurs notes d'électricité et d'eau depuis des années. En 1998, un vent de fronde souffla sur Rafah. Des émeutes éclatèrent pour protester contre l'augmentation des prix de certaines denrées de première nécessité.

Le sentiment d'abandon, ajouté à la violence de la répression israélienne, est à l'origine d'une autre spécificité, dont on est fier à Rafah : la résistance est conduite sous une bannière unique. Islamistes du Hamas et du Jihad combattent aux côtés des nationalistes du Fatah et des marxistes des Fronts populaire et démocratique pour la libération de la Palestine. Tous communient autour d'un même mot d'ordre : après sept ans de négociations stériles avec Israël, la résistance est l'unique moyen de peser sur l'avenir. Cette union des forces a entraîné une radicalisation, voire une islamisation des combattants. Face à la mort qui guette à tout instant, d'anciens militants laïcs sont devenus de pieux musulmans.

Dès les premières semaines de sa mission, le gouverneur al-Agah reconnaissait l'ampleur de sa tâche : « Chaque jour me parviennent des plaintes d'habitants dont les plantations ou les maisons ont été endommagées. Est-ce que je peux assurer leur protection ? Non. Je n'en ai pas les moyens. Puisque je ne peux pas les protéger, je ne peux pas leur interdire d'aller jeter des pierres sur les soldats ou même de tirer sur eux. Sinon, ils vont me traiter de collaborateur[1]. » Il demeurait néan-

---

1. Entretien avec l'auteur, Rafah, le 20 août 2001.

moins confiant dans ses capacités de persuasion. Il n'allait pas tarder à déchanter.

Le 22 septembre 2001, Majid al-Agha reçoit Arafat au siège du gouvernorat. C'est la première fois que le leader palestinien va discuter avec les acteurs du soulèvement. Ce n'est pas un hasard s'il choisit Rafah l'insoumise. Arafat tient à préparer sa prochaine rencontre avec Shimon Peres. La population est invitée à dialoguer avec son chef. La discussion sera orageuse. La nuit précédente, la foule a pris d'assaut la prison et obtenu la libération de cinq activistes que la sécurité palestinienne a voulu empêcher d'attaquer l'axe Philadelphie, le long de la frontière.

Debout, l'index dressé, Arafat prône le respect du cessez-le-feu. « Tout le monde se calme en Cisjordanie et à Gaza. Beaucoup de pressions sont exercées sur moi par Israël et les États-Unis. Calmez-vous, s'il vous plaît », implore le « Vieux ». Un shébab se lève : « Vous êtes notre président, notre frère, notre symbole. Comment pouvez-vous nous demander d'arrêter le combat, alors que nous sommes submergés par une vague de sang. Occupez-vous de politique, nous notre affaire, c'est la résistance. » Un second prend le relais. « De quel droit osez-vous parler de cessez-le-feu quand les Israéliens détruisent nos maisons et tuent nos enfants ? » Arafat, interloqué, ne réagit pas. « Impossible qu'on me parle ainsi », s'écrie-t-il, une fois la réunion achevée. Ordre sera donné d'arrêter le perturbateur, qui aura le temps de s'enfuir.

Arafat repart mais délègue ses pouvoirs à de hauts responsables de la sécurité. Nasser Youssef et Amine al-Hindi restent quelques jours à Rafah. Les rencontres avec les chefs de la résistance se succèdent. « Ils voulaient nous acheter en nous proposant d'être directeur général de tel ou tel ministère, se souvient l'un d'eux. Nous voulions être partie prenante de la décision politique, ce n'est pas l'argent qui nous intéressait. » « Vous vous prenez pour une alternative à l'Autorité ! », avait tonné alors Nasser Youssef. Les proches d'Arafat repartirent bredouilles. En représailles, on gèlera les fonds qu'il avait prévu de distribuer après son passage à Rafah.

La colère ne retombe pas. Le 26, quelques heures avant la rencontre d'Arafat avec Peres, les islamistes font sauter un tunnel sous le poste militaire de Termit. Ils veulent saboter la réunion. Huit Palestiniens sont tués dans la riposte de l'armée israélienne. Deux jours après, des manifestants en colère attaquent les bâtiments des Renseignements militaires, des Forces nationales et des Renseignements généraux. Arafat interdit alors toute action armée à Rafah et ordonne à ses hommes de ramener le calme. Les membres d'un de ses services, la Sécurité préventive, renâclent et préfèrent rester à l'écart. Ils ne veulent pas réprimer les manifestants, parmi lesquels figurent des activistes membres de leur service. Il faudra un appel téléphonique d'Arafat en personne pour convaincre les policiers récalcitrants de participer au maintien de l'ordre.

Début novembre, une nouvelle tentative de conciliation est organisée. « Rafah ne ferait-il pas partie des accords d'Oslo. Tu ne reviendras pas tant que tu n'auras pas obtenu un accord », lance Arafat à al-Hindi, avant le départ de ce dernier pour le sud. C'est de nouveau l'échec. Seul résultat : la résistance s'engage à ne plus attaquer des bâtiments des forces de sécurité [1]. Au fil des mois, celles-ci se sont considérablement affaiblies. Peut-on encore parler de services de sécurité quand ils sont incapables de mettre un seul activiste sous les verrous, ou, pire, quand il leur faut solliciter les membres de la résistance pour se protéger ?

Les résistants de Rafah sont fiers de leur dignité de croquant. Dans un État de droit en charpie, Majid al-Agha a compris que, face à une telle impuissance, mieux vaut rester discret, en attendant, une nouvelle fois, des jours meilleurs. Avant de négocier avec Israël, Arafat doit d'abord engager des pourparlers auprès de la résistance.

---

1. Entretien avec un responsable de la résistance, Rafah, 2 mars 2002.

Le transfert de pouvoir atteint un sommet inquiétant, mais Rafah est-il passé hors de tout contrôle ? Pas aussi simple.

Jamal, le chef de guerre sous contrôle

La silhouette qui apparaît dans l'encoignure de la pièce, gardée par trois hommes en armes, est celle d'un des activistes les plus recherchés par Israël dans la bande de Gaza. Sa démarche claudicante fait penser davantage à un patriarche qu'à l'un des principaux chefs de guerre palestiniens. Il porte un collier, arbore une calvitie naissante et se déplace au moyen d'une canne orné de nacre. Son bras droit est en écharpe. Au printemps 2002, Jamal abou Samhadana, 39 ans, est en convalescence mais, replié sur Gaza, il continue de tirer les ficelles du soulèvement contre les soldats et les colons israéliens. Le rencontrer requiert de la patience. Il parle très peu à la presse. Il se sait traqué. Son regard trahit parfois de l'angoisse, mais, depuis quatre ans qu'il est dans la ligne de mire de Tsahal, il a appris à tutoyer la peur et son visage s'éclaire souvent d'un sourire généreux, comme l'Orient sait en offrir.

Son parcours personnel, son entourage et ses affiliations politiques permettent de mieux saisir la conduite de cette Intifada en clair-obscur et les liens de la résistance avec la direction palestinienne. Il appartient à l'un des clans les plus connus de Rafah. Les Samhadana, des bédouins originaires de Beersheva, sont plusieurs milliers. Certains membres de la tribu ont travaillé pour les services de renseignements israéliens, d'autres ont été tués pendant la guerre du Liban ou sont membres de l'Autorité palestinienne, et d'autres enfin sont des gens ordinaires, mais qui portent un nom que l'armée israélienne brandit comme un épouvantail.

Jamal a quitté Rafah en 1982 par un tunnel. Il était déjà traqué pour ses activités contre l'occupation. Après l'Égypte, il a suivi des études militaires en Allemagne (RFA) entre 1986 et 1990, pendant la première Intifada, et c'est le processus de paix qui l'a ramené à Gaza en 1994. Il intègre alors la police palestinienne, et est nommé à la direction du Fatah pour Rafah. En 1999, après avoir critiqué la corruption et les activités troubles du conseiller économique d'Arafat Khaled Slam, sa carte du Fatah lui est retirée. Au début de l'Intifada, Arafat lui demande de la reprendre. Jamal refuse. Ce qui ne signifie pas qu'il coupe les ponts avec l'Autorité. Il reste payé par les services d'Arafat, comme la plupart des leaders de la résistance à Rafah, souvent des anciens du service de la Sécurité préventive.

Ils ne travaillent plus pour leur chef, le colonel Mohamed Dahlan, mais un lien financier permet de maintenir une certaine influence sur eux, afin que leur courroux ne se transforme pas en insoumission.

Malgré des critiques féroces contre l'Autorité palestinienne, les résistants constituent ici la deuxième armée d'Arafat, celle que le chef de l'OLP utilise discrètement pour avancer ses pions face à Israël.

Jamal est l'archétype du « fatahoui » épris de paix que l'impasse d'Oslo trompa amèrement. « Ce fut un grand mensonge. On nous avait promis un État, la fin de l'occupation, Jérusalem comme capitale. À la place, on a eu plus de pauvreté et de l'enrichissement au profit de quelques-uns seulement. » Quand Jamal dit qu'Oslo est « fini », cela ne signifie pas qu'il ne veut plus la paix avec Israël. Pas un seul instant au cours de la conversation, il n'a évoqué la reconquête de Jaffa, Acca, ou Beersheva, cités de la Palestine historique.

Lui et ses hommes n'ont qu'un objectif : le retrait de Tsahal sur les lignes du 4 juin 1967, avant la conquête de la Cisjordanie, de Gaza et de Jérusalem-Est par l'État hébreu. Pour y parvenir, les négociations sont désormais inutiles. Seule la poursuite de la guérilla conduira à un retrait unilatéral d'Israël. Les plans Tenet, Mitchell, ou le projet saoudien n'ont aucune valeur pour lui. « L'Intifada s'arrêtera quand Israël se retirera des territoires occupés de Jérusalem-Est et reconnaîtra le droit au retour des réfugiés. »

Et si Arafat lui demandait de mettre un terme à la révolte ? « Je ne suis pas aux ordres d'Arafat, répond-il. Je ne l'ai jamais rencontré. » Dans le même temps, il ne cache pas son appartenance au Fatah et ses accents légalistes ne trompent pas. Entre le pouvoir et les résistants, le jeu d'influence et de pressions est subtil, fait de non-dits et de médiateurs forcément restés dans l'ombre pour ne pas griller leurs commanditaires.

Les objectifs des uns et des autres ne sont pas éloignés. Les moyens pour y parvenir diffèrent, mais le parti d'Arafat étant redevenu un mouvement de libération nationale, la rupture paraît exclue d'autant qu'après des frictions à Rafah, les relations entre la résistance et le pouvoir se sont améliorées, comme si chacun avait fini par trouver la juste partition.

Le tournant a eu lieu à la fin de l'année 2001. D'abord avec le retour à Gaza du frère de Jamal, Sami Abou Samhadana. Il commande un petit service de sécurité. Il est un des leaders du Fatah à Gaza et a des liens avec beaucoup de monde, y compris des Israéliens. Autant Jamal est un dévot, plein d'humilité, autant Sami est un noceur aimant la vie et ses plaisirs, un peu hâbleur mais doté d'un certain charisme.

Au début de l'Intifada, il envoya au combat des membres de son groupe, les Abou Rish, actifs pendant la première Intifada. Tombé malade, il partit se faire soigner en Jordanie, sur les conseils de Mohamed Dahlan. Après un périple en Europe, aux États-Unis et en Russie, Sami rentra au pays... par un tunnel, les Israéliens ayant mis leur véto à son retour. Sami a des relations orageuses avec Arafat, mais il est bien sûr aux ordres, et le « Vieux » l'utilise comme lien avec Jamal et son groupe pour calmer la situation à Rafah.

Sami n'est pas étranger au retour de Jamal sur Gaza, bien que ce dernier s'en défende. En février 2001, Jamal est grièvement blessé. Sa main gauche est arrachée dans une explosion. Il prétend que c'est une bombe israélienne, mais tout le monde sait que l'accident est survenu en manipulant un engin explosif. Au moment de la rencontre Arafat-Peres fin septembre, les divergences tiraillent la résistance. Certains préconisent de lutter non seulement contre la « première occupation, mais aussi contre la seconde », sous-entendu « celle que nous impose l'Autorité palestinienne ».

Soucieux d'unité, Jamal, influencé par son frère, apaise les esprits et, en novembre, accepte de « remonter » sur Gaza, officiellement pour se soigner et bénéficier d'une meilleure protection face à Israël[1].

Le second temps fort dans les relations entre la

1. Une équipe de Médecins sans frontières l'a opéré au printemps 2002 à Gaza.

résistance et Arafat est l'appel à l'arrêt des opérations armées en Israël lancé le 16 décembre 2001 par le chef de l'OLP. Le « Vieux » coupe des subsides à certains dont l'action s'en retrouve affaiblie. Les leaders de la résistance comprennent alors qu'ils ne peuvent plus jouer la politique du pire : c'est-à-dire aider Sharon à détruire l'Autorité palestinienne. Ils ne sont pas islamistes. Ils obtempèrent plus facilement.

La prise de conscience fut servie par une professionnalisation des actions de la résistance, rendue possible grâce à une meilleure organisation de ses structures et l'aide d'éléments proches de l'Autorité palestinienne. Le témoignage de Jamal est inédit et très clair là-dessus :

« Au début, l'émotion motivait les gens, c'est pourquoi nous avons perdu un grand nombre de martyrs pour rien. En même temps, l'Autorité menaçait de couper les vivres à plusieurs employés de la Sécurité préventive qui travaillaient pour la résistance. Certains ont été exclus de la police. L'Autorité s'est ensuite rendu compte qu'elle ne pouvait pas stopper nos activités, encore moins nous arrêter. Nous avons fait des concessions, elle aussi. Elle n'a pas pu imposer ses choix. Elle a compris que nous jouions le rôle que son armée ne pouvait pas jouer. Notre stratégie vise désormais à réduire le nombre des morts palestiniens et augmenter celui des Israéliens. Nous nous sommes organisés. Nous disposons maintenant d'un commandement général de la révolte à Gaza.

On cherchait à acheter des armes pour attaquer des Jeeps et tirer de loin. Nous n'avions pas les moyens de nous procurer des explosifs. Nous sommes parvenus à en développer. Nous avons ramassé beaucoup de mines tirées par les Israéliens et nous les avons synthétisées. Adnan al-Goul a été dans ce domaine un maître pour beaucoup d'entre nous, mais d'autres membres de l'Autorité, qui avaient combattu au Liban ou travaillé dans les pays arabes, nous ont aidés à améliorer notre technique de combat. Depuis le début, nous cherchions à faire exploser un tank Merkava [1]. On a étudié son fonctionnement. On a découvert un point faible sous le char. On réussit maintenant à en détruire et à extraire nos combattants sans qu'ils essuient de pertes. Notre prochaine cible sera un hélicoptère. D'ici quelques mois, on devrait recevoir des missiles antiaériens *Sam-7*, en provenance du Sud-Liban via la Jordanie. Nous n'avons pas de coopération

1. Outre l'aide technique fournie par des proches de l'Autorité, la résistance recrute des spécialistes, ingénieurs, chimistes, informaticiens, notamment, des volontaires qui en marge de leur travail font des heures supplémentaires au profit de la *mouqawameh*, la résistance.

directe avec le Hezbollah, mais on les respecte. On adopte leur style de combat. Nous visons les blindés. On achète nous-mêmes nos munitions en Égypte. On parvient à avoir de bons prix.

Ce qui est difficile, c'est le transport des armes sur le territoire égyptien. Il est combattu par les autorités. Il nous arrive parfois de manquer de munitions. Dans ces cas-là, on ne lutte pas. L'Autorité palestinienne nous a aidés. Moussa Arafat (chef des Renseignements militaires dans la bande de Gaza) nous a fourni des armes, mais en quantité limitée. Au début de l'Intifada, des milliers de pièces sont entrées par les tunnels. Fouad Shobaki [1]a fait passer des roquettes, mais elles n'étaient pas destinées aux combattants. Maintenant c'est plus difficile. Après chaque destruction de tunnel par les Israéliens on essaie d'en reconstruire. »

La résistance revendique environ 400 combattants à Rafah. Une réussite honore ses leaders : leur sécurité. Aucun d'entre eux n'a été jusqu'à maintenant liquidé par Israël, ce qui veut dire qu'il y a peu de collaborateurs infiltrés parmi eux. « Le principe de base est simple : qu'il n'y ait pas de routine. On ne dort jamais au même endroit.

---

1. Responsable du volet financier de l'approvisionnement en armes de l'Autorité palestinienne, il est impliqué dans l'affaire du *Karine A*, et depuis recherché par Israël.

On a un garde du corps. » Jamal ne voit sa famille qu'une fois par mois.

Les relations tumultueuses avec l'Autorité palestinienne leur ont enseigné le souci d'une certaine indépendance financière. Ils récoltent des dons d'associations caritatives et de personnalités indépendantes. La femme de sheikh Nimr, un responsable du Hamas, leur a offert deux colliers en or qu'ils ont aussitôt vendus pour acheter des munitions. Certains employés de l'Autorité palestinienne reversent une partie de leur salaire à la résistance. L'argent que chaque faction de l'OLP reçoit d'Arafat, conformément aux statuts de la centrale, peut être reversé dans les caisses de la « *mouqawameh* ».

Détail important : malgré les crises, Arafat n'a jamais coupé les versements au Fatah de Rafah. « Le jour où Arafat fermera complètement le robinet à la résistance, il perdra la base populaire, il n'aura plus qu'à partir », lance Zoher, un autre responsable du soulèvement. Les activistes pourraient alors se tourner vers d'autres bailleurs de fonds, les islamistes en particulier.

À écouter Jamal, Zoher et d'autres activistes, plusieurs enseignements viennent à l'esprit. La puissance de feu engagée par l'armée israélienne dans ses ripostes sur Rafah n'a fait qu'alimenter leur désir de revanche. Ils sont devenus prisonniers de la logique des représailles qui assurent leur popularité, convaincus d'épuiser leurs ennemis dans une guérilla sur le modèle du Hezbollah au Sud-Liban. Les mêmes causes produisant les mêmes effets, chaque cran supplémentaire franchi par Tsahal dans ses ripostes entraîne un regain de créativité chez les résistants.

« Nous demandons à l'Autorité palestinienne de nous laisser encore une année, et les Israéliens sortiront alors de Gaza et de Cisjordanie comme ils sont sortis du Liban, affirmait Jamal, avant l'offensive de Sharon en avril. Ils ne pourront pas supporter longtemps les problèmes auxquels ils sont confrontés. Leur économie va mal. Les restaurants et les bars sont vides. Ils parlent de Jérusalem comme d'une ville fantôme. Ils n'ont plus de sécurité. Certains repartent. Nous, on n'a pas tous ces problèmes. On coexiste maintenant avec l'Intifada, c'est devenu naturel. On peut tenir dix ans. De toute façon, on n'a rien à perdre. »

À Rafah, Autorité et résistance ne sont pas dans la même tranchée. Mais elles se rejoignent autour d'un même objectif. La résistance a été l'autre option, cachée, d'Arafat face à l'intransigeance du Premier ministre israélien.

Elle n'est pas aux ordres. Elle dispose d'une marge de manœuvre, mais elle peut rentrer dans le rang et c'est grâce aux liens plus ou moins obscurs tissés avec elle qu'Arafat n'a pas perdu complètement le contrôle de la situation. L'offensive de grande ampleur lancée par Tsahal peut la faire taire quelques semaines voire quelques mois, mais les sans-culottes de Rafah renaîtront de leurs cendres.

Imad, ses ruines et l'argent de Saddam Hussein

Imad, le dos courbé, longe les murs des dernières maisons de son quartier encore debout. Il prend garde de ne pas s'exposer à la vue des soldats israéliens retranchés dans leur tourelle de Termit qui scrutent le moindre mouvement suspect dans le *no man's land* du Block O, le long de la frontière avec l'Égypte.

« Voilà ce qu'il reste de ma maison de 260 mètres carrés, un tas de gravats », s'écrie Imad Kalloub. Quelques poules picorent sur les décombres. Des éclats d'obus de chars sont restés fichés dans les poteaux électriques, encore rougis de sang.

La nuit du 10 juillet 2001, sa vie a basculé. Ce soir-là, il veille dehors sur un étal de pastèques, tandis que sa femme lave le linge, en gardant un œil sur leurs trois enfants qui jouent dans les venelles du camp de réfugiés. Rien ne lui semble anormal. Quelques jours auparavant, l'armée israélienne a acheminé un bulldozer pour détruire des tunnels de la contrebande, mais le voisinage n'y a vu qu'un épisode de plus dans la routine du conflit. Après l'adoption du plan Tenet par les deux parties, la radio fait état d'une certaine accalmie. Imad et sa famille ne se doutent de rien.

Vers minuit, un bruit strident l'intrigue. Des chars et des bulldozers avancent vers le Block O. Il accourt, après avoir réveillé un voisin. À son arrivée sur place, des pans de murs sont déjà par terre. La résistance des francs-tireurs palestiniens, postés non loin de là, ne sert à rien. Il ne sauve que son téléviseur. « Papa, as-tu gardé la clé ? lui demande sa fille. À quoi bon garder une clé quand tu n'as plus de maison ? » répondit Imad. Funeste destin pour ces réfugiés, qui durent fuir leurs maisons en 1948 pendant la guerre d'indépendance d'Israël. Comme beaucoup de ces orphelins de la paix, ils conservent méticuleusement au fond d'un tiroir la clé de leur bâtisse, dans l'espoir d'y retourner un jour.

Pour les réfugiés palestiniens, posséder un toit c'est souscrire une sorte d'assurance sur l'avenir. Pendant quinze ans, Imad a travaillé dur en Israël pour se payer ce luxe. Il est resté fidèle au même employeur, le propriétaire d'un abattoir au marché de Carmel à Tel-Aviv. La métropole économique est à plus de 90 kilomètres de Rafah. Chaque matin, Anwar quittait sa maison en pleine nuit vers 2 heures. Il prenait un taxi collectif jusqu'au barrage d'Erez, point de passage des ouvriers de Gaza qui vont travailler en Israël où l'attente et les fouilles sont parfois longues. Il prenait ensuite un autre bus pour Tel-Aviv, où il arrivait vers 4 heures. Il rentrait rarement chez lui avant 20 heures le soir. Le trajet était épuisant. Il voyait peu sa famille, mais il était bien payé, 350 shekels la journée (110 euros). C'est beaucoup plus que la plupart des travailleurs des pays arabes voisins. Le coût de la vie a beau être élevé en Israël, le jeu en valait la chandelle et Imad ne se plaignait pas. Il avait pu amasser un pécule, et se marier avec une cousine, une Palestinienne qui vivait en Égypte. Rafah ne déroge pas à cette tradition, répandue en Palestine, qui permet de conserver le patrimoine entre les mains de la tribu. Celles-ci sont particulièrement importantes à Rafah. Elles inspirent encore le système judiciaire. Les plus nombreuses, comme les Zourob ou les Kishta, comptent quatre à cinq mille membres, et certaines ont même donné leur nom à des quartiers.

Le 2 septembre 2000, Imad signe le contrat d'achat de sa maison, d'une valeur de 17 000 dollars (20 000 euros) qu'il paye cash pour l'essentiel. Pour fêter l'événement, le week-end suivant, il emmène ses enfants au Luna Park de Tel-Aviv.

Qui eût cru que la frontière allait s'embraser un mois plus tard ? Quand les enfants s'approchaient un peu trop près du grillage, les soldats israéliens les dispersaient parfois en lançant des cocktails molotov, mais tout cela n'avait rien de très inquiétant. Imad continua d'aller à son travail jusqu'au 3 octobre, six jours après le début de la révolte. Israël ferma ensuite l'accès à son territoire aux travailleurs palestiniens, jetant ainsi au chômage des dizaines de milliers d'entre eux. Imad est resté en contact avec son employeur, auquel il doit l'équivalent de 1 500 euros. « Tu me les rendras quand tu reviendras travailler », lui dit son patron israélien. Pour lui venir en aide, ce dernier organisa une collecte auprès de ses ouvriers et, quand sa maison fut détruite, il l'appela pour le réconforter, un peu rudement, à l'israélienne : « T'en fais pas, tu t'en paieras une autre. Estime-toi heureux d'être encore en vie ! »

Imad et sa famille entrèrent dans leur nouveau logis le 15 octobre. La première nuit, une roquette atteint leur bâtiment, sans causer trop de dommages. Il pensait avoir trouver un stratagème pour éviter les tirs : la nuit, il laissait la lumière allumée, pour signaler aux soldats qu'il y avait des gens à l'intérieur.

Lorsque les activistes venaient tirer dans le voisinage, des heurts les opposaient parfois aux habitants qui tentaient de les refouler. Systématiquement, en effet, les militaires ripostaient sur le Block O, qui faisait les frais de la tension. Imad soutient la résistance mais il s'interroge sur l'efficacité militaire de jets de grenades contre une tourelle fortifiée. La structure clanique de la population — un membre de la résistance peut être de la même tribu qu'un habitant de Block O — permit d'apaiser les frictions internes.

Dix-sept maisons furent rasées cette nuit-là. L'armée invoqua « une opération de destruction de maisons abandonnées, d'où partaient des tirs et des jets d'engins explosifs sur les soldats[1] ».

Six mois plus tard, les bulldozers rasèrent 58 autres habitations du Block O, dans une opération de représailles, dénoncée par la communauté internationale, qui jeta sur le pavé des centaines de Palestiniens. Tsahal réussit ainsi à « dégager » l'axe de Philadelphie, qui longe la frontière. Ses tanks peuvent patrouiller sur une bande de terre profonde de 70 mètres comme les accords d'Oslo le lui autorisent.

À Rafah, le bataillon de militaires israéliens stationné est réputé pour ne pas faire de quartier. « Ici, c'est une zone de mort, dit un jeune soldat, en montrant le *no man's land* vers le Block O. Quiconque s'approche de la frontière est tué[2]. » La plupart sont des Bédouins musulmans eux aussi — mais citoyens d'Israël — qui tirent sur d'autres musulmans. Images

---

1. *Haaretz*, 20 août 2001.
2. *New York Times*, 27 janvier 2002.

incroyables d'un conflit anarchique où des soldats insultent en arabe d'autres musulmans qui répondent en arabe également en les accusant de « collabos ».

Après la destruction de sa maison, Imad et les siens campèrent un mois sous une tente fournie par la Croix-Rouge. L'Autorité palestinienne leur accorda 8 000 shekels d'aide (2 000 euros) et l'Office des Nations unies chargé des réfugiés palestiniens (UNRWA) l'équivalent de 1 200 euros.

Pour colmater les brèches, l'UNRWA mit en construction de nouvelles maisons dans le quartier de Tel al-Sultan, juste en face de la colonie de Rafiah Yam. Le lieu n'est pas vraiment engageant. Les tirs sont fréquents. Mais que peuvent faire les Nations unies ? Reconstruire et donner à Tsahal la possibilité de frapper de nouveau ? En coulisses, faute de volonté politique pour stopper la violence, des diplomates s'interrogent sur une certaine forme d'entretien du conflit.

La maison d'Imad fait partie de la première vague de destructions opérée par Tsahal à Rafah. Il n'a pas perçu les cinq mille dollars que Saddam Hussein décida ensuite d'offrir à tout sans-logis. Il le regrette, bien sûr, et, comme la majorité des Palestiniens, il loue Saddam pour sa contribution directe et rapide aux victimes, la seule venant d'un dirigeant arabe.

La famille a loué un appartement dans le camp voisin de Brésil. Un modeste trois-pièces, avec pour seul mobilier la télé sauvée du désastre, des paillasses par terre en guise de canapés. Les ustensiles de cuisine ont été offerts par la Holly Land Fondation, une fondation américaine proche des milieux islamistes, fermée après les attentats du 11 septembre. Le Hamas versa cent dollars à chaque famille déshéritée. Les Kalloub survivent grâce à quelques travaux qu'Imad effectue à droite et à gauche.

Dans la longue tragédie de la violence, ses déboires sont devenus tristement banals. Est-ce pour cette raison qu'il en parle sur le ton neutre de celui que la revanche n'anime pas ? Imad n'est pas devenu extrémiste. Il veut retourner travailler en Israël. Il a gardé dans sa poche, tel un gri-gri, sa carte magnétique d'accès à l'État hébreu. Il ne demande qu'une chose. « On veut la paix, une vie tranquille. La vraie paix, ce n'est pas de regarder par la fenêtre et de voir des soldats israéliens pointer leur canon sur nous. On veut vivre dans la dignité. »

VIII

Intifada, business et dessous-de-table

L'assassinat fut l'œuvre de professionnels, exécuté avec sang-froid, après avoir été bien préparé. Le 17 février 2001, Hisham Mikki, 54 ans, directeur de la Radio et Télévision palestinienne et proche d'Arafat, attend des amis au restaurant du Beach Hôtel sur le front de mer à Gaza. Un sens unique permet d'accéder à une courette devant l'établissement. Les assassins, deux hommes masqués, ont l'audace de pénétrer en voiture dans le cul-de-sac. Ils entrent dans le salon, abattent Mikki à bout portant de plusieurs balles à la tête et au thorax, avant de repartir sans encombres devant des employés médusés. Un mystérieux groupe des brigades al-Aqsa d'un camp de réfugiés près d'Hébron revendique l'assassinat. Une enquête est diligentée. Elle établit que les balles utilisées sont de calibre 9 mm mais, bien vite, les investigations se perdent dans les sables. La version officielle en laissera plus d'un sur sa faim. Peu importe, personne ou presque ne regretta Hisham Mikki. Impliqué dans des affaires de corruption, l'homme était une sorte de shérif qui impressionnait ses invités en posant un revolver devant eux sur son bureau. Il croyait avoir les faveurs du Prince.

Sa mort, imputée à une officine de la sécurité palestinienne, selon des services de renseignements occidentaux, s'expliquerait par les menaces qu'il avait proférées de partir pour l'Égypte, où il avait des affaires. Il craignait sans doute le jour où son protecteur disparaîtrait et voulait prendre les devants. Peu après son assassinat, ses comptes bancaires furent gelés et sa femme placée en résidence surveillée. A-t-il été tué avec ou sans l'aval d'Arafat, qui porta son cercueil le lendemain ?

Première personnalité de l'Autorité palestinienne à être liquidée depuis 1994, Mikki incarnait la corruption au sein des rouages pré-étatiques. En l'éliminant, les commanditaires du meurtre voulurent donner le signal que le nettoyage commençait. Ils firent un exemple pour satisfaire une opinion avide d'action contre la gabegie. En 1996, 49 % des Palestiniens pensaient qu'il y avait de la corruption au sein de leur Autorité. En 2001, ils sont 83 %, selon les enquêtes du Centre palestinien de recherches.

La disparition de Mikki donna également l'impression que le pouvoir restaurait à peu de frais une autorité déliquescente. À Gaza, plusieurs dérapages avaient défrayé la chronique.

Trois colonels avaient été démis de leurs fonctions pour avoir ouvert un bordel pour hommes d'affaires. Une foule en colère était montée de Khan Younès à Gaza-Ville, menaçant de détruire une salle de billard gérée par la famille d'un policier qui avait malmené un enfant. Dans les rues, seuls la Force 17 et des renforts de marine étaient déployés. Après quatre mois de crise, Arafat n'avait pas encore parlé une seule fois à son peuple. Le pouvoir semblait se resserrer sur sa garde prétorienne. Il lui fallait agir, ou à tout le moins donner l'impression que le navire avait encore un capitaine à la barre. D'autant que la rue commençait à dénoncer l'incapacité de ses dirigeants à démasquer les collaborateurs, dont les renseignements permettent aux Israéliens de liquider des activistes. Deux petites pointures de la collaboration feront les frais du durcissement et seront éliminées au terme d'un simulacre de procès.

Un début d'offensive anticorruption fut lancé par l'Autorité, dont le principal résultat fut le retour à Gaza de Jawad al-Ghossein, ancien président du Fonds national palestinien, sorte de ministère des finances de l'OLP avant le régime d'autonomie, accusé d'avoir détourné plusieurs millions de dollars.

Peu de temps auparavant, Nabil Shaat, ministre de la Coopération internationale d'Arafat qui accompagnait un groupe de diplomates européens à Khan Younès, se fit tirer dessus, non pas par les soldats israéliens, comme la rumeur le prétendit, mais par un groupe de Palestiniens armés. La raison ne fut pas son implication dans des affaires de corruption, bien qu'évoquée dans le passé, mais plutôt le rejet que le « système économique d'Oslo » qu'il incarne inspire à la rue. L'expression est d'Hossam Khader, député Fatah de Naplouse, un des plus virulents pourfendeurs de la corruption. Par cette expression, celui que les médias officiels palestiniens boycottent vise les avantages divers que certains dirigeants mêlés aux négociations de paix avec Israël ont retiré de leurs pourparlers avec l'ancien ennemi.

Le système Oslo : la tutelle

Paraphé à Paris, le 29 avril 1994, le volet économique des accords d'Oslo repose schématiquement sur deux principes. L'établissement d'une union douanière entre Israël et l'entité palestinienne et un libre-échange des marchandises et des personnes pendant la période intérimaire, c'est-à-dire jusqu'à mai 1999, date de l'ouverture des négociations sur le statut définitif du régime d'autonomie. L'interdépendance économique est la philosophie sous-jacente : les ouvriers palestiniens vont travailler en Israël ; en échange l'État hébreu continue d'écouler ses produits en Cisjordanie et dans la bande de Gaza. Loin de répondre aux attentes, ces accords ont été une machine d'asservissement des territoires par son puissant voisin, selon l'expression d'un diplomate qui a longtemps travaillé sur le sujet. Par leur déséquilibre, ils ont contribué à nourrir le ressentiment à l'origine de l'Intifada et du chaos qui suivit.

Entre 1994 et 2000, le revenu des Palestiniens a chuté de 20 % alors que celui des Israéliens a augmenté de 20 %. Si l'économie du faible s'appauvrit, et qu'en parallèle les retombées territoriales promises se font attendre, le « contrat d'Oslo » était irrémédiablement voué à l'échec.

Israël contrôle totalement l'économie de la Cisjordanie et de la bande de Gaza, son deuxième marché à l'exportation. 90 % des exportations palestiniennes vont en Israël, et 85 % en proviennent. La dépendance a commencé après la conquête des territoires en 1967. Face à la concurrence de certains produits, comme les agrumes, l'État hébreu interdit la plantation d'arbres sans l'aval du gouverneur militaire et encourage au contraire les Palestiniens à produire les denrées qui lui manquent. Dans le secteur industriel, Israël limite les investissements au secteur textile pour profiter de la main-d'œuvre bon marché, employée également dans la construction et les services.

Les accords de Paris ont institutionnalisé cette dépendance. À l'instar des domaines politique et sécuritaire des pourparlers de paix, ils liaient les mains, non pas des négociateurs, mais des entrepreneurs palestiniens qui découvrirent rapidement avec effroi les montagnes de procédures bureaucratiques conditionnant leur application. Côté israélien, celle-ci était guidée par deux soucis permanents : la sécurité et la suspicion[1].

L'État hébreu voulut éviter que les territoires palestiniens ne deviennent des supérettes où ses citoyens iraient s'approvisionner le shabbat à bas prix. Les importations de marchandises sont donc minutieusement réglementées. Les Palestiniens ne sont autorisés à acquérir à leur propre prix que 80 réfrigérateurs chaque mois, par exemple, ou 250 télévisions. S'ils veulent en importer davantage, le prix pratiqué doit être celui en vigueur en Israël. Le carburant ne devra pas être 15 % moins cher que celui de ses voisins — non

1. *La Paix en miettes*, Israël et Palestine (1993-2000), Franck Debié Sylvie Fouet, Geographies Puf.

sans être coloré pour détecter d'éventuels fraudeurs israéliens qui viendraient remplir leur jerrican en Palestine. Quant aux médicaments et produits pharmaceutiques, ils ne pourront en importer à leur prix que s'il n'en existe pas de similaire sur le marché israélien.

Privé d'infrastructures portuaires[1], les cargaisons doivent transiter par les ports et les aéroports israéliens où « une menace sur la sécurité d'Israël » peut être aisément invoquée pour rendre difficile des importations de produits concurrençant les marchandises israéliennes. Une entreprise palestinienne a dû attendre quatre mois avant de faire sortir 25 conteneurs de tuyaux en PVC en provenance de France, destinés au coffrage en béton d'un réservoir d'eau. Coût supplémentaire en frais de garde : 150 000 dollars (170 000 euros). Quant il s'agit d'une aide émanant d'un État, c'est autant à défalquer sur son montant.

Les contrôles de sécurité pointilleux aux points de passage entre les deux entités sont souvent à l'origine de la détérioration des produits qui ternissent l'image des exportateurs aux yeux de leurs

1. Le port de Gaza, dont la construction a été financée par la France, les Pays-Bas et la Banque européenne d'investissements, a été détruit à l'automne 2001 par une attaque israélienne.

clients européens. Bien souvent, les cargaisons de fruits et légumes pourrissent sur les parkings aux *check-point*, faute d'autorisation israélienne.

Quant au mouvement des hommes, l'interdépendance là encore n'a joué que dans un seul sens. Les bouclages des territoires palestiniens se sont institutionnalisés à partir de 1994 — bouclage général, bouclage complet, bouclage interne total, bouclage interne partiel — interdisant aux travailleurs palestiniens d'accéder au marché israélien, tout en privant l'Autorité de précieuses rentrées fiscales [1].

Cette mise sous tutelle de l'économie palestinienne a été servie par l'instauration de monopoles sur l'importation de tel ou tel produit, ou sur les télécommunications (Paltel, la Compagnie de téléphone palestinienne). Certains ont été établis dans les accords de Paris pour répondre au monopole israélien. Ce fut le cas par exemple du monopole sur l'importation de l'essence et des produits dérivés, qui doit se faire à travers la société israélienne Dor Energy. D'autres ont été institués par l'Autorité palestinienne elle-même. Leur nombre n'est pas connu avec certitude.

Selon les statistiques du Département d'État

1. Israël doit reverser à l'Autorité palestinienne une partie des prélèvements sociaux dont bénéficient les ouvriers palestiniens qui vont travailler dans l'État hébreu.

américain, il y eut jusqu'à vingt-cinq monopoles à Gaza pour l'importation de produits tels que la farine, le sucre, l'essence, la viande congelée, les cigarettes, le bétail, le ciment, l'acier, le bois, le tabac et le pétrole. En 1998 et 1999, certains ont été démantelés, comme celui sur le tabac.

Qui dit monopole dit prix plus élevé. Entre l'été 1995 et l'été 1996, le prix d'un sac de 6 kilos de farine est passé de 45 à 120 shekels (12 à 32 euros). Le ciment israélien est deux fois plus cher qu'en situation concurrentielle, et notamment que son concurrent turc, interdit d'entrée à Gaza par les responsables de l'Autorité palestinienne.

Les monopoles les plus lucratifs concernent l'importation de ciment et de l'essence, en raison d'une demande très importante. Gaza importe 35 000 tonnes de pétrole par an, essentiellement d'Israël. Pour le ciment, avant l'Intifada, chaque jour 3 000 tonnes étaient achetées au monopole israélien Nesher pour répondre au boom de la construction.

Qui dit monopole dit également partage de la rente dégagée. Ces monopoles sont souvent gérés personnellement par des hauts responsables au sein de l'Autorité palestinienne.

Le service de la Sécurité préventive de Mohamed Dahlan contrôle les entrées de marchandises au point de passage de Karni entre Israël et la bande de Gaza. Il prélève une commission à cette occasion. Son homologue en Cisjordanie, Jibril Rajoub, était, entre autres, responsable de la sécurité au casino de Jéricho[1] avant sa fermeture au début de l'Intifada.

Ces personnalités palestiniennes de premier plan travaillent en concertation avec des partenaires israéliens, d'anciens responsables des services de sécurité eux aussi. La compagnie qui approvisionne en essence le monopole palestinien dirigé par Jibril Rajoub, emploie Shmuel Goren, un ancien haut responsable du Shabak, le service secret intérieur. L'ancien chef du Shin Beth, Yossi Ginossar, et par ailleurs homme des missions secrètes auprès d'Arafat du temps de Barak, a été recruté par Dor Energy pour obtenir l'exclusivité des droits dans l'approvisionnement en énergie de l'Autorité palestinienne, ainsi que par Nesher pour la même mission[2].

Ainsi est née, dans le sillage des accords de paix, une caste « mercantilo-sécuritaire », dont l'existence a rapidement été connue de la population palestinienne, creusant ainsi le discrédit de l'Autorité autonome auprès de celle-ci. Elle

---

1. Jibril Rajoub demanda à un diplomate si l'Union européenne ne pouvait pas financer une formation pour convoyeurs de fonds au profit de ses hommes.

2. *The Gaza Strip, The Political Economy of De-Development*, Sara Roy, Institute for Palestine Studies.

n'ignore pas non plus l'activité de Jamil Tarifi, un de ses ministres dont les grues ont construit des colonies en Cisjordanie.

Ces accointances expliquent de surprenantes pressions. Une publicité recensant des produits palestiniens à acheter de préférence aux concurrents israéliens a été écartée par la direction du journal *Al-Qods*, le quotidien de Jérusalem-Est. Un des produits visés était le lait israélien Tova, dont l'agent exclusif pour l'importation en Cisjordanie est un responsable d'un service de sécurité qui fit pression sur la direction du quotidien.

Officiellement pourtant, les Palestiniens ont été appelés à boycotter les produits israéliens. Marwan Barghouti, le chef du Fatah en Cisjordanie, lança un appel en ce sens au nom du comité du même nom qu'il présidait. Des publicités dans les journaux appelaient le consommateur à être un bon patriote. Une date butoir avait même été décrétée afin de « nettoyer » les supermarchés palestiniens des produits israéliens. La réalité s'est vite imposée. Le boycott ne donne pas les effets escomptés, même si, avec l'aggravation de la crise, de nombreux Palestiniens sont devenus plus sensibles à la provenance des marchandises qu'ils achètent.

Malgré la violence, le commerce continue...

Plusieurs fois par semaine, des camions israéliens aux plaques minéralogiques jaunes ont rendez-vous à quatre points précis de la frontière fictive qui sépare l'État hébreu de la Cisjordanie. Ils sont placés sous haute protection. Depuis le début de l'Intifada, de peur des attaques, les autorités israéliennes ont interdit l'accès de leurs concitoyens aux zones autonomes palestiniennes. Les Israéliens sont attendus par des chauffeurs au volant de camions aux plaques palestiniennes vertes, qui achemineront à Ramallah, Naplouse, Hébron et Bethléem des marchandises indispensables au marché local (produits alimentaires, essence, etc.).

Entre Israéliens et Palestiniens, tandis que les armes parlent, le commerce, légal ou clandestin, continue. Après plus d'un an d'Intifada, les échanges ont été réduits en valeur de seulement 30 %, fin 2001.

Les lois de l'économie déjouent souvent les violences entre les deux camps. L'interdépendance paraît incontournable. Ce n'est pas le moindre des paradoxes de noter qu'en dépit d'un taux de chômage en moyenne de 35 % avec des pointes à 60 ou 70 % dans certaines régions, la population en Cisjordanie et dans la bande de Gaza a conservé une étonnante capacité de consommation.

Les 120 000 employés de l'Autorité palestinienne, malgré un salaire amputé parfois de 30 %, font vivre environ un tiers de la population. Les nombreuses organisations non-gouvernementales, installées en Cisjordanie et à Gaza, payées sur du financement international, emploient une part importante du personnel qualifié. Une autre soupape est constituée par des dizaines de milliers (55 000, fin mars 2002) de travailleurs palestiniens qui, malgré les bouclages de la Cisjordanie, se rendent encore clandestinement en Israël où leurs patrons les préfèrent souvent aux ouvriers thaïlandais ou roumains, venus les remplacer. Des réserves accumulées avant l'Intifada et un système de solidarité familiale et islamique bien rôdé permettent d'assurer la soudure. Mais pour combien de temps encore ? En cas de prolongation du conflit, les scénarios des institutions financières internationales sont inquiétants.

À l'exception des activités commerciales ou liées à la construction qui tirent encore leur épingle du jeu, de nombreuses entreprises sont en cessation de paiement et quantité de fournisseurs ne sont plus payés par l'Autorité palestinienne. Fin 2001, les arriérés de paiement de celle-ci à l'économie locale se montaient à 430 millions de dollars (500 millions d'euros).

Les acteurs de l'économie réelle qui veulent subsister doivent recourir au système D. Le stratagème le plus fréquent consiste à créer une société de droit israélien dans l'État hébreu qui jouera le rôle d'importateur. Mais pour en bénéficier, encore faut-il avoir une carte de résident à Jérusalem[1]. Faute du précieux document, une société écran israélienne est utile.

Après trente-cinq ans d'occupation, économies réelle et clandestine se mêlent souvent. Les moins mal lotis sont les entrepreneurs qui disposaient de relations d'affaires datant d'avant la révolte. Avec un peu d'imagination et quelques dollars, ces connaissances peuvent permettre de déjouer les barrages militaires. Un Israélien peut livrer la marchandise à son partenaire palestinien dans un monastère. Ces camaraderies peuvent aller très loin. Durant l'Intifada, des conteneurs de marchandises ont franchi le barrage d'Erez entre Israël et la bande de Gaza avec du personnel qualifié caché à l'intérieur. Une dîme versée aux soldats israéliens en faction au point de passage avait arraché leur complaisance. Au cours d'un dîner

1. Les Palestiniens habitant Jérusalem-Est bénéficient des mêmes avantages sociaux ou économiques que les Israéliens vivant dans la partie ouest de la ville sainte.

mondain dans le quartier de Beit Hanina, un entrepreneur palestinien n'a pas hésité à solliciter Ehoud Olmert, le maire de Jérusalem, pour que les bombardements de l'armée épargnent son entrepôt[1].

Un système de transport pour VIP, distinct de celui accordé par Israël aux principaux responsables de l'Autorité palestinienne, fonctionne encore permettant le passage sans fouille du pont Allenby, sous contrôle israélien, à partir des villes autonomes palestiniennes. Il évite de longues heures d'interrogatoire. La combine implique au minimum l'armée israélienne et les services de sécurité jordaniens, voire l'Autorité palestinienne.

Shimon Peres rêvait d'un nouveau Moyen-Orient dans lequel l'économie rapprocherait les peuples, communiant dans la paix. Il devra sans doute attendre quelques années. En revanche, il est un domaine insolite où la coopération israélo-palestinienne fonctionne en dépit des interdits et de la violence : le vol des voitures.

Bon an mal an, un véhicule est volé tous les quarts d'heure en Israël (environ 30 000 par an). Malgré les importantes mesures de sécurité prises le long de la ligne verte, l'Intifada n'a pas réduit

---

1. Entretien avec un expert des dossiers économiques israélo-palestiniens.

le nombre de voitures volées dans l'État hébreu et acheminées ensuite en Cisjordanie et dans la bande de Gaza. Les techniques ont été éprouvées de longue date.

Pour la Cisjordanie, le véhicule est conduit de l'autre côté du *check-point*, où un Palestinien attend le propriétaire israélien. Ce dernier fera ensuite une déposition de vol auprès de sa compagnie d'assurances.

Les gangs opèrent en bonne intelligence entre juifs et Arabes et les complicités sont étendues à certains colons israéliens installés dans les territoires palestiniens. Les trafiquants sont capables de fournir n'importe quel type de véhicule, en grande quantité et en très peu de temps, déplorent les responsables de la police israélienne. En novembre 2001, celle-ci infiltra un de ces gang et réussit à mettre la main sur 23 Israéliens, juifs et arabes, soupçonnés appartenir à deux réseaux de voleurs de voitures à Ramleh, dans le centre du pays.

À Gaza, le visiteur est surpris par l'arc-en-ciel des couleurs des plaques minéralogiques. Celles des véhicules officiels sont rouges sur fond blanc. D'autres sont vertes sur blanc et d'autres enfin sont noires sur fond blanc. Ces dernières correspondent aux voitures volées sans papiers. Les Israéliens ne souhaitant pas les récupérer, l'Autorité palestinienne les a en partie légalisées en leur attribuant des plaques spéciales. Elles représentent au moins 20 % du parc automobile à Gaza-Ville.

Khalil est un de ces trafiquants sans scrupules. Nous l'avons rencontré dans la bande de Gaza. Depuis une vingtaine d'années, il s'est spécialisé dans la contrebande en tout genre : voitures, drogue et armes. Il a même à son actif d'avoir chapardé des têtes du cheptel de Sharon dans son ranch du Neguev. Les soldats l'ont poursuivi. Il a réussi à s'échapper par des caves datant de l'empire ottoman, le long de la frontière où il a dissimulé les moutons.

Dans les années 1980, avec un complice israélien, il a réussi à acheminer jusqu'à une cinquantaine de véhicules chaque semaine dans la bande de Gaza. Il n'y avait pas ou peu de contrôle au barrage d'Erez, et, en cas de problème, cent ou deux cents dollars glissés au soldat en faction permettaient en général d'arranger le coup.

Les voitures étaient désossées à Gaza puis revendues en pièces détachées. À partir de 1994, Erez est devenue une mini-frontière avec une surveillance plus rigoureuse. Même chose dans le territoire autonome. La contrebande ne s'est pas tarie pour autant. Elle utilise désormais d'autres filières, en particulier des colons du nord de la bande de Gaza, soucieux d'être « un pont vers la paix » entre les deux peuples[1].

Khalil décrit le mécanisme de vol. « Le colon avec lequel je traite possède une Peugeot 205 usagée. Les trafiquants en Israël volent une 205 aux caractéristiques identiques. Il transfère ensuite sur la voiture volée le numéro de châssis de son ancien véhicule. L'acheminement jusqu'à Gaza de la voiture dont il veut se débarrasser ne pose en général pas trop de problèmes. Le passage se fait par la route le long de la mer, via les colonies du nord de la bande de Gaza, Dougit ou Alei Sinai. Un complice conduit la deuxième voiture. Il me vend la plus usagée, celle qui doit disparaître, et garde l'autre qui a été volée. J'achète la première entre 700 et 1 000 dollars. Il s'agit le plus souvent de 504, de Mercedes, mais aussi de 4 × 4 et de Subaru. Je les démonte et je les revends en pièces détachées. Un 4 × 4 est remis sur le marché à Gaza pour environ 3 000 dollars. Ce n'est pas cher. Mon fournisseur israélien est content. Il s'est fait rajeunir un véhicule, et pour nous c'est intéressant financièrement. »

Devant l'ampleur du phénomène, l'Union européenne avait demandé ces dernières années aux responsables palestiniens d'œuvrer pour réduire la contrebande. Ces derniers avaient

1. *Haaretz*, 7 décembre 2001.

répondu : « Dans notre ghetto, si des voitures arrivent jusqu'ici, c'est qu'elles viennent de quelque part. Allez donc vous adresser à Israël. »

KHALED SLAM ET LE TRÉSOR DE GUERRE D'ARAFAT

L'Autorité palestinienne ne survit financièrement que grâce à l'aide mensuelle de la ligne arabe — Arabie saoudite, en tête, à hauteur de 55 millions d'euros — et de l'Union européenne, dix millions. Malgré ces difficultés de trésorerie, en pleine Intifada, elle a réussi le tour de force de poursuivre ses investissements à l'étranger, et même de remporter quelques marchés prometteurs. La direction palestinienne a conquis en joint-venture avec une entreprise égyptienne l'appel d'offres pour la distribution des téléphones portables en Algérie. Elle a pris une participation de 14 % dans la compagnie des Ciments jordaniens, récemment privatisée, dans laquelle le groupe français Lafarge détient 40 % du capital et elle s'apprête à lancer, en Cisjordanie et à Gaza, une seconde entreprise de téléphonie mobile, avec Orascom, son partenaire égyptien.

À l'origine de ce paradoxe : un homme. Il s'appelle Khaled Slam, de son vrai nom Mohamed Rasheed, il a 52 ans. Il est le conseiller financier d'Arafat, mais son influence va bien au-delà et en fait une sorte de grand chambellan et de messager de l'ombre du chef de l'OLP. Il a bâti une structure, le Palestinian Commercial Services Company (PCSC), la pompe à capitaux de l'Autorité palestinienne, son trésor de guerre qui aspire les profits dégagés par les monopoles et finance les multiples activités du Fatah sur le terrain.

Rasheed est à la fois l'homme le plus controversé et le plus énigmatique de l'entourage d'Arafat. Une plaisanterie circule à son sujet dans les territoires. « En allant à Madrid lancer le processus de paix avec Israël, les Palestiniens escomptaient "*Salam khaled*", la paix pour toujours. À la place, nous avons récolté Khaled Slam. »

L'homme n'est pas palestinien, mais d'origine kurde du nord de l'Irak. Adhérent au Parti communiste irakien, il fuit les persécutions et se réfugie à Beyrouth, au début des années 1970, où il rallie le Fatah, le mouvement d'Arafat.

La confiance qu'il a nouée avec Abou Ammar fait aujourd'hui de nombreux jaloux dans les cercles dirigeants. La population le voit souvent comme un vampire qui suce du sang palestinien.

« C'est le plus intelligent de l'entourage d'Arafat, note un expert étranger, familier des dossiers économiques. Quand on le dit aux membres de l'Autorité, ils s'insurgent. Avant l'Intifada, Rasheed allait tous les jours de Gaza à Ramallah (capitale économique des territoires palestiniens). Il a toujours travaillé quinze heures par jour. Il avait vu venir la victoire de Sharon. Avant son élection, il avait noué des contacts avec le fils Omri en organisant des dîners à Ramallah. Il est efficace dans son travail et a la confiance totale d'Arafat. Pas un seul responsable proche d'Arafat ne réunit ces qualités. En plus, n'étant pas palestinien, il n'a pas d'ambitions personnelles. Il n'est pas dangereux pour Arafat. Il est détesté parce qu'il est envié. »

En 1999, le bras armé de Khaled Slam affichait 345 millions de dollars d'avoirs [1], dont 292 millions d'actions réparties dans trente-quatre compagnies. La plus contestée de ces participations concerne le casino de Jéricho, cette « perversité intelligente » au succès commercial indéniable, dont Slam eut l'idée, contesté par de nombreux religieux israéliens et palestiniens, mais qui offre à ces derniers le privilège unique — certes un peu dérisoire — de détenir un *checkpoint* où, à l'entrée de l'établissement, ce sont des hommes de Jibril Rajoub qui vérifient les identités des habitants de l'État hébreu. Entreprise invraisemblable, située dans la plaine de Jéricho, entre les dromadaires et un camp de réfugiés, elle a été

1. *The Gaza Strip*, Sara Roy.

fermée au début de l'Intifada après avoir été la cible d'attaques israéliennes.

L'empire contrôle les marchés les plus stratégiques en Cisjordanie et dans la bande de Gaza, en étroite collaboration avec des amis israéliens de Rasheed, souvent liés aux services de sécurité. Des connaissances dans l'autre camp, le financier d'Arafat en possède beaucoup, d'Omri Sharon à l'ancien chef d'état-major Amnon Lipkin Shahak, mais aussi à l'étranger, où il fréquente le journaliste vedette de la chaîne de télévision américaine Fox News Geraldo Riveira et le patron de la Banque mondiale James Wolfensohn. Pas une seule affaire d'importance ne peut se conclure en Palestine sans Khaled Slam. Lorsque Bill Clinton est venu en visite privée en Israël au printemps 2002, il faisait partie du cénacle palestinien admis à le rencontrer dans son hôtel de Tel-Aviv. En pleine crise, c'est lui qui décroche son téléphone pour appeler Shimon Peres. Aux côtés d'Abou Alaa, le président du Parlement, et d'Abou Mazen, le numéro deux de l'OLP, il a engagé au printemps des discussions avec Sharon pour sortir de la crise.

À la signature des accords d'Oslo, en 1994, il comprit que les Palestiniens ne pourraient pas décoller économiquement sans Israël. Il est allé tirer les sonnettes aux portes des grandes sociétés de l'État hébreu. Il s'attira la jalousie de nombreux courtisans d'Arafat, mais, grâce aux monopoles qui constituent l'essentiel des bénéfices du PCSC, il fournit au chef de l'OLP un trésor de guerre bien utile en cas de coup dur.

Ce dernier rapporterait quelque 150 millions de dollars chaque année, c'est-à-dire près d'un milliard depuis l'installation de l'Autorité palestinienne en 1994. Le pactole est placé dans une banque israélienne à Tel-Aviv. Chaque mois, en comparaison, l'administration débourse 60 millions de dollars pour payer ses fonctionnaires. Arafat souhaiterait ne pas entamer cette réserve. À l'origine, elle était destinée à réduire la dépendance de l'Autorité autonome par rapport aux bailleurs de fonds internationaux.

Les principales sources de revenus de l'administration palestinienne sont les recettes du casino de Jéricho, les sommes prélevées sur les importations de ciment et d'essence en provenance d'Israël, et les transferts de TVA que l'État hébreu doit lui reverser. Deux mois après le début de l'Intifada, Israël a gelé le reversement de la TVA, réduit les exportations de ciment, et bombardé le Casino. Les caisses se sont asséchées.

Pour comprendre le fonctionnement de ces réserves, il convient d'ajouter que Khaled Slam avait investi dans de nombreuses sociétés palestiniennes en Cisjordanie et à Gaza. C'est un des reproches qui lui ont été faits. Dès qu'une entreprise affiche des performances au-dessus de la moyenne, elle attire son attention. Dès lors que l'économie locale souffre de l'Intifada et des bouclages imposés par l'État hébreu, les opportunités d'investissement en Cisjordanie et à Gaza sont devenues quasi inexistantes. Khaled Slam, en accord avec Arafat, a donc décidé d'investir à l'étranger.

Il a établi son quartier général au Caire, où résident sa femme et ses nombreux enfants nés de différents lits. Depuis l'assassinat d'Hisham Mikki, en février 2001, il ne remettait que rarement les pieds dans sa maison de Gaza, face à l'hôtel Palestine. Il partageait son temps entre les bords du Nil et Ramallah. Depuis le début du confinement d'Arafat à Ramallah en décembre 2001, il n'est jamais très loin du « Vieux ».

Comment expliquer le paradoxe Rasheed, un Kurde, prêt à risquer sa vie pour Arafat ?

« Je fais tout cela parce qu'Arafat est comme mon père. Et il me traite comme si j'étais son fils », affirme-t-il.

L'ancien journaliste d'une feuille de chou de l'OLP est devenu une pièce maîtresse du système Arafat. Malgré de solides inimitiés, il dispose d'appuis qui peuvent lui permettre de conserver un rôle dans l'après-Arafat. Il est lié à Mohamed

Dahlan et entretient des rapports cordiaux avec Abou Mazen. À son arrivée à Gaza, il eut l'intelligence d'impliquer « les fils de révolutionnaires » dans les affaires. Ainsi certains des enfants d'Abou Mazen, d'Abou Alaa et d'Abou Jihad, le bras droit d'Arafat, assassiné par Israël en 1988 à Tunis, ont été intégrés dans la sphère d'activité de Khaled Slam.

Dans une société travaillée par le secret et les luttes internes, il a toutefois prévu une porte de sortie. Il dispose d'un passeport canadien et d'appartements à l'étranger. Arafat, lui, ne possède pas de yacht en Sardaigne, ni de villa à Cannes, ni d'appartements à Paris.

Le « raïs » mène une vie personnelle plutôt spartiate. L'argent que l'OLP a amassé au fil du temps et qui est investi à l'étranger est au service d'un objectif : renforcer son pouvoir sur la centrale palestinienne. En rentrant à Gaza, en 1994, l'ancien guérillero ne s'est pas transformé en gestionnaire avisé. Il a maintenu la double règle d'or qui étaye son empire : diviser pour mieux régner et l'allégeance fait souvent la fonction.

Dans le domaine économique, pas moins de cinq ministères ont des champs de compétence qui se chevauchent. Cinq ministères qui ont chacun deux têtes, l'une à Gaza, l'autre à Ramallah en Cisjordanie. Les frictions sont nombreuses et seul Arafat est habilité à procéder aux arbitrages.

L'Autorité palestinienne est régulièrement accusée d'être paralysée par la corruption. En la matière, il serait plus exact de parler de népotisme et de pratique répandue de la rente. Les entreprises françaises qui ont développé des activités en Palestine n'ont pas le souvenir d'avoir été rackettées par des commissions exorbitantes.

Le système du bakchich est beaucoup plus fréquent dans la plupart des pays voisins. Une enquête réalisée par la Banque mondiale sur les pratiques liées à la corruption le montre clairement. 79 % des hommes d'affaires interrogés disent n'avoir jamais ou rarement effectué des paiements informels à des officiels palestiniens pour arracher un contrat. 11 % affirment y avoir recouru. Les dessous-de-table sont beaucoup moins élevés qu'en Égypte ou en Europe de l'Est, poursuit la Banque mondiale.

Comment expliquer alors cette perception erronée ? Essentiellement en raison d'un manque de transparence dans la gestion des affaires publiques. La suspicion vise particulièrement les revenus collectés par l'Autorité palestinienne au titre des reversements de TVA par Israël. Pendant longtemps, ces transferts de fonds allaient directement — avec l'aval d'Israël — sur les comptes privés d'Arafat, à hauteur d'environ 20 %, et dans les caisses du trésor de guerre géré par Khaled Slam, qui les réinvestissait.

En mai 2000, sous la pression de la communauté internationale, l'Autorité palestinienne et le FMI ont conclu un accord aux termes duquel Arafat s'engageait à ce que les fonds reversés par Israël soient transférés sur un compte spécial contrôlé par l'organisme international au ministère des Finances palestinien. Depuis des années, le titulaire du portefeuille des Finances, Mohamed Nashashibi, était impuissant devant les tours de passe-passe qui le privaient de recettes budgétaires importantes. Il était confronté à un autre problème : un étrange personnage, peu connu du grand public, Abou Sharia, ancien de l'administration civile israélienne du temps de l'occupation, était en charge du recrutement des fonctionnaires et de la fixation de manière quasi discrétionnaire de leur salaire pour l'ensemble des services publics palestiniens. Tel cousin d'un ministre devenait directeur général, « moudir aam », comme l'on dit en Palestine, sur recommandation d'Abou Sharia [1]. Difficile de préparer un budget lorsque le nombre des personnels recrutés échappe à son concepteur.

Finalement, une fois de plus sous la pression, la communauté internationale est parvenue à une double avancée : la centralisation des recettes

1. Le ministère de la Santé ne compte pas moins de 69 directeurs généraux.

budgétaires et de la masse salariale. Les recrutements abusifs sont plus difficiles.

On avait espéré une reconversion des anciens fedayins en comptables du régime d'autonomie financé par les contribuables européens ou japonais. La personnalisation du fonctionnement de l'Autorité autour d'Arafat a entravé cette transition. Le raïs a été incapable d'instaurer une justice indépendante, dotée de réels moyens (il n'y a que 39 juges pour un million et demi d'habitants en Cisjordanie). Il s'est dérobé à ses engagements.

Dans un contexte d'occupation qui s'est poursuivi, il y a quelque injustice à lui faire porter le chapeau. C'est pourquoi la communauté internationale n'insiste pas outre mesure sur ses manquements aux promesses.

La Palestine a reçu, après la Bosnie, le volume d'aides financières le plus important jamais octroyé à une entité quasi étatique par tête d'habitant (cinq milliards de dollars prévus dans le protocole de Paris en 1994). Cette aide était d'abord politique. Elle devait être un levier de développement économique sur l'ensemble du Proche-Orient. Dès lors que le processus de paix était bloqué, elle n'a servi qu'à colmater les brèches et parfois à entretenir certains maux. Quand Israël empêche l'accès de son territoire aux travailleurs palestiniens, Arafat est contraint de recruter à tour de bras pour soulager le malaise social. La très libérale Banque mondiale ira jusqu'à reconnaître que la création d'emplois en Palestine a été un moyen de redistribution de la richesse.

Le conflit actuel contrarie la poursuite des efforts entamés par l'Autorité palestinienne en vue d'une gestion plus transparente des affaires publiques. Comment instaurer une justice indépendante en période de réoccupation militaire des territoires palestiniens ?

Faute de pouvoir imposer une solution au conflit, la perfusion maintenue par la Communauté internationale sur la Cisjordanie et Gaza est vitale. Mais sa prolongation renforce du même coup les effets pervers. Israël n'ignore pas que l'Europe et d'autres bailleurs de fonds financeront certainement — le dossier est trop politique pour y échapper — la reconstruction des bâtiments des services de sécurité détruits par Tsahal. De son côté, la mentalité d'assistés chez certains responsables palestiniens ne fait que grandir. Le traitement d'un dossier politique comme s'il s'agissait d'un désastre humanitaire ajourne la recherche d'une solution durable.

Conclusion

Arafat en sursis

De discrets émissaires avaient intercédé pour entrouvrir la porte de Yasser Arafat à Oliver Stone, le réalisateur de *Platoon*. En ce début d'année 2002, le célèbre metteur en scène américain reçoit commande de Canal + pour le tournage de plusieurs documentaires sur « les combattants de la liberté ». Aux côtés de Fidel Castro, le *lider massimo* cubain, figure Abou Ammar, le héros de la résistance palestinienne.

« Le documentaire peut servir à améliorer votre image aux États-Unis », conseillent lesdits émissaires, bien en cour auprès du « Vieux ». « *Why not ?* » (pourquoi pas ?), leur rétorque Yasser Arafat. Oliver Stone, suant à grosses gouttes dans un véhicule blindé, se rend au quartier général d'Arafat à Ramallah, stupéfait par les barrages militaires israéliens qui maintiennent en résidence surveillée le chef de l'Autorité palestinienne.

Devant son hôte, usant d'un accent américain prononcé, le réalisateur de *JFK* explique son projet : « *Why not ?* », soupire un Yasser Arafat, toujours aussi peu loquace. Puis Oliver Stone ajoute maladroitement : « En fait, je compte intégrer votre histoire avec celles de Saddam Hussein et Kim Dae-jung (les dictateurs irakien et nord-coréen). » Malaise autour du raïs. Nabil Shaat, le ministre palestinien de la Coopération internationale, observe que « ce n'est peut-être pas exactement le genre de personnes avec lesquelles le président Arafat aimerait être associé ». Son porte-parole, Nabil Abou Rdeineh, détend l'atmosphère par une plaisanterie : « Abou Ammar, Saddam, Kim Dae-jung. C'est un nouvel axe du mal, pourquoi pas ? » Discrètement, en hochant la tête, Arafat signale que la comédie a assez duré. Quelques heures plus tard, les *missi dominici* retrouvent dans sa chambre d'hôtel Oliver Stone, plongé dans une bouderie. « Qui est Arafat ? s'exclame-t-il. Comment peut-on me faire ça à moi ? » Finalement, le projet tombera à l'eau.

Arafat combattant de la liberté ? Ou Arafat membre du nouvel « axe du mal » tracé par George Bush depuis les attentats du 11 septembre ? Le sort du porte-drapeau de quarante ans de lutte palestinienne, et avec lui celui de la paix au Proche-Orient, repose en grande partie entre les mains du Président des États-Unis.

Mais qui peut dire quinze mois après l'élection de George Bush quelle est la politique souhaitée par Washington dans la région ? Veut-on redessiner un Proche-Orient expurgé de Saddam Hussein, du Hezbollah, des organisations palestiniennes inscrites sur la liste noire des mouvements terroristes, voire de Yasser Arafat, puisque ce dernier semble poser problème à l'aile dure de l'administration Bush ?

Depuis l'échec des négociations de Camp David, l'été 2000, Washington intensifie sa condamnation d'Arafat. Autour du Président américain et dans les influents *think tank* (groupes de réflexion) qui alimentent les débats dans la capitale fédérale, on ne semble pas convaincu par l'idée qu'une disparition politique d'Arafat serait un drame pour la région.

Une chose paraît sûre : Ariel Sharon n'engagera pas de pourparlers substantiels avec son ennemi juré. Sa logique destructrice des institutions de l'Autorité palestinienne voudrait qu'il aille jusqu'à l'élimination de celui qu'il ne cesse de décrire comme un « menteur pathologique [...] avec lequel la paix est impossible » et qu'il regrette de ne pas avoir tué à Beyrouth en 1982. Sa tactique consiste à faire émerger un pouvoir alternatif, plus complaisant, une tactique coloniale — celle du « bon nègre » — qui paraît vouée à l'échec. Arafat vivant, a priori, aucun des candidats à sa succession n'oserait prendre le risque d'une déposition du raïs à la Bourguiba. Dans ces conditions, jusqu'où Sharon est-il prêt à aller dans son entreprise de mise à l'écart d'Arafat ? Le Premier ministre israélien ayant souvent fait ce qu'il dit, aucun scénario n'est à exclure.

Le chaos qui régnerait en cas de disparition de Yasser Arafat de la scène politique ne ferait qu'accroître la violence et aggraver la crise. Il est le dernier ciment de la société palestinienne. Le « Vieux », à dessein, n'a pas préparé sa succession. Des hommes pointent dans son entourage, mais aucun ne fait figure de *primus inter pares*. La conséquence serait une faiblesse et un flottement encore plus grand de la direction palestinienne. Les principaux visages de l'après-Arafat sont connus : Abou Mazen, le numéro deux de l'OLP, et Abou Alaa, le président du Conseil législatif palestinien, appelé en cas de vacance du pouvoir à occuper pendant deux mois la tête de l'Autorité avant la tenue d'élections, mais surtout l'homme qui a un œil sur les finances de la Centrale, devraient jouer un rôle de premier plan. Signe de l'inquiétude qui règne au sommet depuis des mois : Abou Alaa, au cours de l'été 2001, a demandé, pour lui et sa famille, un visa de trois mois pour la Suisse. Peu populaires, défenseurs des accords d'Oslo et sans base locale, les deux hommes devront s'appuyer sur des responsables de la sécurité pour asseoir leur pouvoir. Les chefs de la Sécurité préventive dans la bande de Gaza et en Cisjordanie, Mohamed Dahlan et Jibril Rajoub, sont des maillons importants de l'attelage politico-sécuritaire. Dahlan est vu généralement comme un successeur potentiel du chef de l'OLP. Mais Abou Shadi est jeune, 41 ans, et dispose de peu de relais en Cisjordanie. Il est doté d'un réel sens politique, qui ne lui fait fuir aucune de ses responsabilités, même les plus difficiles à assumer. Les Israéliens et les Américains ne l'ignorent pas. Sa progression a été fulgurante ces dernières années. Malin, il multiplie les sondages auprès de la population pour épouser les mouvements d'humeur. Il s'est délesté d'actifs immobiliers pour faire bonne mesure dans la lutte anticorruption. Même s'il devait un jour se brûler les ailes pour avoir grandi trop vite, Mohamed Dahlan paraît incontournable. Son amitié avec Mohamed Rasheed, le banquier d'Arafat, lui assure une partie du contrôle des finances de l'Autorité. La perte d'influence récente de Jibril Rajoub, son frère ennemi, lui ouvre de l'espace. Abou Rami apparaît comme une des premières victimes de la redistribution des cartes qui s'opérera dans la foulée de l'Intifada. Il a eu beaucoup de mal à passer l'épreuve du feu, lors de l'invasion de Ramallah par Tsahal début avril. Rajoub a négocié depuis son domicile la reddition de ses hommes retranchés dans le Q.G. de la Sécurité préventive. Il a livré à Israël une demi-douzaine d'importants militants intégristes, dont Bilal Barghouti, le responsable de la cellule du Hamas qui a planifié l'attentat contre la pizzéria Sbarro le 9 août 2001 à Jérusalem, avant d'être mis sous les verrous par la police d'Arafat.

La détestation rentrée étant une des choses les mieux partagées entre responsables palestiniens, l'après-Arafat risque d'ouvrir sur une surenchère face à Israël qui laisse augurer une période troublée. D'autres acteurs, des résistants de l'Intifada ou des membres de grandes familles, réclameront certainement de leur côté une part du gâteau. Il est clair que la désignation du successeur d'Arafat sera le fruit d'un compromis et d'un consensus entre le Fatah, l'appareil sécuritaire et les notables locaux.

Pour le seul mois de mars 2002, Israël a perdu 122 de ses citoyens au cours d'actions palestiniennes. Aucun pays au monde ne pourrait rester sans réagir face à un tel drame. Mais « la guerre contre le terrorisme », déclenchée en riposte par Ariel Sharon, a parfois peu à voir avec l'éradication de la violence. Que les unités d'élite de Tsahal aillent traquer les responsables des cellules intégristes qui entraînent les futurs kamikazes se comprend aisément, mais que la traque se prolonge par des actes de vandalisme aux domiciles de nombreux Palestiniens, et par la confiscation des archives et des disques durs dans les ministères, le doute s'insinue alors sur le véritable but de guerre poursuivi, si ce n'est celui, à terme, de procéder à un matraquage médiatique pour finir de marginaliser Arafat.

En anéantissant le camp de la paix qui a conduit l'Intifada, Ariel Sharon fait le jeu des opposants à cette paix, les islamistes en particulier qui partagent – pour des raisons certes opposées – la même aversion que lui des accords d'Oslo.

Jamais depuis des décennies, les deux peuples n'ont paru aussi éloignés l'un de l'autre. Tétanisés par les attentats qui bouleversent la vie quotidienne des Israéliens, 42 % d'entre eux se disent désormais favorables au transfert des Palestiniens. L'idée, qui fait frémir, et alimente les peurs des responsables jordaniens, pourrait bientôt servir de plate-forme à un parti politique désireux de surfer sur la démagogie.

Chez les Palestiniens, le sentiment douloureusement ressenti d'être abandonnés par la communauté internationale fait le lit de l'extrémisme. Quand un des principaux responsables de l'Autorité palestinienne, une colombe notoire, nous affirme avoir en réserve « des millions de *suicide-bombers* », la remarque en dit long sur le degré de désespoir et la fuite en avant qui animent le réfugié de Jénine comme le négociateur d'Oslo. Les mauvaises victimes sont maintenant des victimes aigries, ayant perdu foi en l'avenir.

En voulant ménager tout le monde — activistes, communauté internationale et parfois responsables israéliens —, Yasser Arafat a payé le prix de son entre-deux : un peu de résistance sans renoncer au dialogue, un peu de trafic d'armes sans donner l'ordre à ses hommes d'aller au front. Incapable de prendre la moindre initiative diplomatique d'envergure, cantonné dans le réactif face à un Ariel Sharon en mouvement, il s'est sans doute illusionné sur les équilibres internationaux. Il n'a pas vu que son adversaire avançait en quasi-concertation avec les États-Unis. Il n'a pas su tracer une ligne rouge aux attentats terroristes, après le 11 septembre : il lui fallut alors quarante-huit heures pour qu'il accepte de lire la déclaration que lui avait rédigée le « quartet » — le consul américain à Jérusalem, le représentant de Kofi Annan et les émissaires de l'Union européenne et de la Russie — venu lui faire prendre conscience du tournant historique.

Après bientôt deux ans de lutte, les fruits de cette Intifada sont amers. Même si les négociations devaient être relancées, le principe n'en serait sans doute plus celui de l'échange de « la paix contre la terre », l'idée-force d'Oslo et de la conférence de Madrid, mais davantage celui d'« un État palestinien contre la sécurité d'Israël », mais un État sur une partie seulement des territoires occupés.

Les deux années écoulées resteront celles d'un vaste gâchis. En janvier 2001, à Taba, les négociateurs des deux camps avaient progressé en vue d'un règlement du conflit, comme le montre le relevé des conclusions rédigé par les représentants de l'Union européenne, parrains des pourparlers, que nous publions en annexe, réactualisé pour tenir compte des nouvelles rencontres qui ont eu lieu depuis. Tôt ou tard, il faudra sans doute en revenir aux acquis de Taba. C'est la conviction de quelques-uns encore. Ils sont extrêmement minoritaires, surtout côté israélien, mais ils symbolisent l'espoir que tout n'est pas irrémédiablement perdu et oublié. D'ici là, la violence risque encore d'ensanglanter une terre déchirée par la haine, le désir de vengeance et l'enracinement de chaque camp dans ses convictions.

Annexes

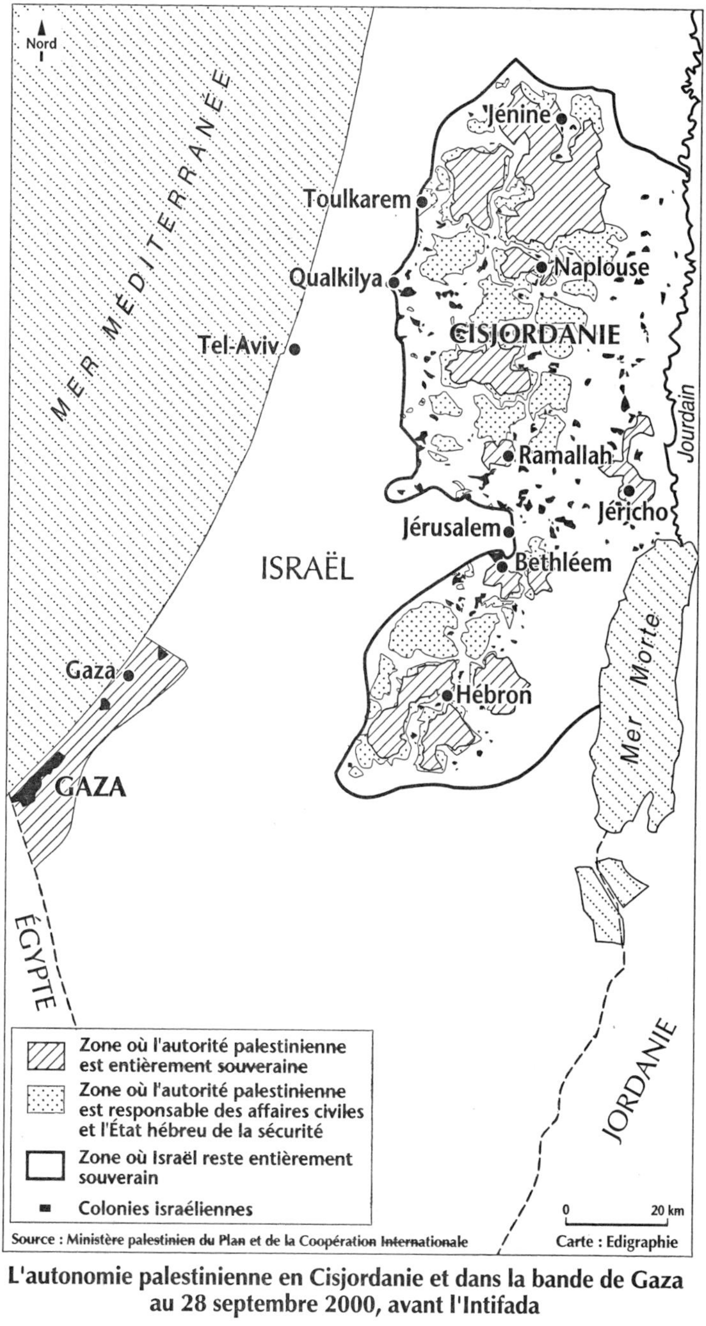

L'autonomie palestinienne en Cisjordanie et dans la bande de Gaza au 28 septembre 2000, avant l'Intifada

Chronologie

14 mai 1948 : proclamation de la naissance de l'État hébreu.

1948-1949 : première guerre israélo-arabe.

24 avril 1950 : annexion de la Cisjordanie par le royaume Hachémite. L'Égypte assure le contrôle de la bande de Gaza.

Octobre-novembre 1956 : guerre de Suez après la nationalisation par Nasser du canal de Suez, le 26 juillet.

Octobre 1959 : Yasser Arafat et d'autres Palestiniens créent le Fatah au Koweit.

29 mai 1964 : création de l'Organisation de libération de la Palestine (OLP) à Jérusalem.

1er janvier 1965 : la branche armée du Fatah revendique sa première attaque contre Israël.

5-10 juin 1967 : en six jours de combat, Israël s'empare de la Cisjordanie, Jérusalem-Est, de la bande de Gaza, du plateau du Golan syrien, et du Sinaï égyptien.

22 novembre 1967 : le Conseil de sécurité de l'ONU adopte la résolution 242 qui demande « le retrait des forces armées (israéliennes) des territoires occupés » tout en reconnaissant le droit à l'existence d'Israël et à sa sécurité.

1er au 4 février 1969 : Yasser Arafat devient président du comité exécutif de l'OLP.

Septembre 1970 : guerre civile en Jordanie. Les affrontements entre l'armée jordanienne et l'OLP aboutissent à l'expulsion de celle-ci en 1971. La résistance palestinienne s'installe au Liban.

5-6 septembre 1972 : assassinat de plusieurs athlètes israéliens aux Jeux olympiques de Munich par un commando de l'organisation palestinienne « Septembre noir ».

6 octobre 1973 : début de la guerre dite du Kippour. Offensive des troupes égyptiennes et syriennes pour récupérer les territoires occupés par Israël.

26-28 novembre 1973 : l'OLP est reconnue comme « seul » représentant du peuple palestinien au sommet arabe de Rabat.

12-20 mars 1977 : l'OLP accepte l'idée d'un État palestinien indépendant édifié sur une partie de la Palestine, au Conseil national palestinien réuni au Caire.

19-21 novembre 1977 : voyage du président égyptien Anouar el-Sadate à Jérusalem.

14 mars 1978 : Israël envahit le Sud-Liban.

17 septembre 1978 : signature des accords de Camp David entre Israël, l'Égypte et les États-Unis.

6 juin 1982 : début de l'invasion israélienne du Liban et siège de Beyrouth.

14-18 septembre 1982 : entrée des troupes israéliennes dans Beyrouth-Ouest. Massacre dans les camps de Sabra et Chatila. Bilan : 800 morts, selon la commission d'enquête israélienne présidée par le juge Kahane. Ariel Sharon, ministre de la Défense, est tenu « indirectement » comme responsable du carnage par ses alliés des phalanges chrétiennes.

Décembre 1987 : début de la première Intifada contre l'occupation israélienne en Cisjordanie, dans la bande de Gaza et à Jérusalem-Est.

12-15 novembre 1988 : l'OLP proclame l'État de Palestine, reconnaît les résolutions 181 et 242 de l'ONU et réaffirme sa condamnation du terrorisme (Conseil national palestinien d'Alger).

15 décembre 1988 : les États-Unis acceptent d'ouvrir « un dialogue substantiel » avec l'OLP.

30 octobre 1991 : ouverture de la Conférence de Madrid. Les négociations israélo-arabes se poursuivent à Washington.

13 septembre 1993 : signature à Washington de la déclaration de principe israélo-palestinienne. Israël et l'OLP se reconnaissent mutuellement.

25 février 1994 : un colon israélien, Barouch Goldstein, assassine 29 Palestiniens à la mosquée Ibrahim à Hébron.

29 février 1994 : accord de Paris entre Israël et l'OLP sur les questions économiques.

4 mai 1994 : Yasser Arafat et Yitzhak Rabin signent au Caire l'accord d'autonomie Gaza-Jéricho.

1er juillet 1994 : retour de Yasser Arafat dans les territoires palestiniens, après 27 ans d'exil.

26 octobre 1994 : Israël et la Jordanie signent un traité de paix.

28 septembre 1995 : Yasser Arafat et Yitzhak Rabin signent à Washington des accords sur l'extension de l'autonomie à la Cisjordanie (accords d'Oslo 2).

4 novembre 1995 : assassinat d'Yitzhak Rabin par un extrémiste israélien à Tel-Aviv. Shimon Peres le remplace au poste de Premier ministre.

20 janvier 1996 : Yasser Arafat est élu président de l'Autorité palestinienne et ses partisans emportent les deux tiers des 80 sièges du Conseil législatif palestinien.

Février-mars 1996 : en représailles à la liquidation par Israël de son « ingénieur », Yehié

Ayash, le Hamas lance une vague d'attentats à l'intérieur de l'État hébreu.

29 mai 1996 : Benyamin Netanyahou, chef du Likoud, est élu Premier ministre lors des élections générales israéliennes.

27-29 septembre 1996 : l'ouverture par la municipalité de Jérusalem d'un tunnel en contrebas de l'Esplanade des mosquées dans la Vieille Ville provoque les violences les plus graves dans les territoires occupés depuis la fin de la première intifada (76 morts).

4 mai 1999 : fin de la période d'autonomie palestinienne prévue par la déclaration de principe du 13 septembre 1993. Le Conseil central de l'OLP accepte de repousser d'un an la proclamation d'un État palestinien indépendant.

17 mai 1999 : Ehoud Barak, travailliste, est élu Premier ministre en Israël.

24 mai 2000 : l'armée israélienne se retire du Sud-Liban.

11-24 juillet 2000 : négociations marathons à Camp David entre Israéliens et Palestiniens sous la supervision de Bill Clinton.

28 septembre 2000 : le chef du Likoud, Ariel Sharon, se rend sur l'esplanade des Mosquées à Jérusalem. Le lendemain démarre la seconde Intifada.

30 septembre 2000 : Mohamed al-Dura, 12 ans, est tué par l'armée israélienne près de la colo-

nie de Netzarim dans le centre de la bande de Gaza.

12 octobre 2000 : deux soldats israéliens, parvenus à Ramallah par mégarde, sont lynchés par la foule. En riposte Ehoud Barak décide de bombarder des bâtiments officiels à Ramallah et Gaza.

16-17 octobre 2000 : sommet de Sharm el-Sheikh (Égypte). Sous l'égide de Bill Clinton, Israéliens et Palestiniens tentent de négocier un cessez-le-feu et de parvenir à l'établissement d'une commission d'enquête internationale sur le déclenchement des violences.

6 février 2001 : Ariel Sharon (Likoud) est élu Premier ministre d'Israël.

11 avril 2001 : des responsables israéliens et palestiniens de la sécurité se rencontrent au domicile de l'ambassadeur américain en Israël, Martin Indyk, pour relancer la coopération sécuritaire entre les deux camps.

17 avril 2001 : l'armée israélienne entre pour la première fois depuis la signature des accords sur l'autonomie palestinienne dans un secteur sous le contrôle de Yasser Arafat, à Beit Hanoun, dans le nord de la bande de Gaza.

6 mai 2001 : Israéliens et Palestiniens acceptent les conclusions du rapport Mitchell sur le déclenchement des violences.

7 mai 2001 : la marine israélienne intercepte au

large de Gaza un bateau contenant douze tonnes d'armes, affrété par le Front populaire de libération de la Palestine-Commandement général, à destination des Palestiniens.

1er juin 2001 : Said al-Hutari, Jordanien habitant en Cisjordanie depuis deux ans, recruté par le Hamas, explose, avec la bombe qu'il transportait, devant une foule de jeunes à l'entrée de la discothèque Dolphinarium à Tel-Aviv. 21 Israéliens sont tués dans l'attentat.

13 juin 2001 : Yasser Arafat accepte les recommandations sécuritaires formulées par George Tenet, le patron de la CIA.

31 juillet 2001 : l'armée israélienne liquide deux dirigeants politiques du mouvement islamiste Hamas à Naplouse, Jamal Mansour et Jamal Salim.

9 août 2001 : un attentat en représailles perpétré par le Hamas contre une pizzéria à Jérusalem provoque la mort de 16 Israéliens. En réaction, Ariel Sharon ordonne la fermeture de la Maison de l'Orient, le siège officieux de l'OLP dans la partie arabe occupée de la ville sainte.

27 août 2001 : l'armée israélienne exécute Abou Ali Moustapha, le chef du Front populaire pour la libération de la Palestine, à Ramallah. En représailles à des tirs contre la colonie de Gilo à la périphérie de Jérusalem, Tsahal réoccupe certaines parties de Beit Jala, près de Bethléem.

13 septembre 2001 : en signe de solidarité avec les États-Unis, au lendemain des attentats du 11 septembre, Yasser Arafat donne son sang au profit du peuple américain.

18 septembre 2001 : Ariel Sharon ordonne un cessez-le-feu unilatéral. En réponse, Yasser Arafat décrète une trêve de la violence.

26 septembre 2001 : Shimon Peres et Yasser Arafat se rencontrent à l'aéroport de Rafah dans le sud de la bande de Gaza pour consolider le cessez-le-feu.

8 octobre 2001 : deux Palestiniens sont tués par les policiers de Yasser Arafat au cours de manifestations en soutien à Ossama Ben Laden à Gaza.

10 octobre 2001 : devant l'Assemblée générale des Nations unies à New York, George Bush évoque l'idée d'un État palestinien aux côtés d'Israël.

17 octobre 2001 : Rehevam Zeevi, ministre démissionnaire du Tourisme du gouvernement d'Ariel Sharon, est assassiné dans un hôtel de Jérusalem-Est par un commando du Front populaire pour la libération de la Palestine. En représailles, l'armée israélienne pénètre en plusieurs secteurs autonomes de Cisjordanie.

23 novembre 2001 : Mahmoud Abou Hounoud,

un des chefs de la branche militaire du Hamas en Cisjordanie, est abattu par Tsahal près de Naplouse.

1er décembre 2001 : en représailles à la mort d'Abou Hounoud, un attentat du Hamas est perpétré à Jérusalem, faisant 10 tués.

2 décembre 2001 : un second attentat signé du Hamas est commis à Haifa dans le nord d'Israël, en riposte à la liquidation d'Abou Hounoud. 16 Israéliens sont tués.

3 décembre 2001 : Israël riposte en bombardant Gaza et Ramallah. Yasser Arafat est confiné dans son quartier général de Ramallah.

16 décembre 2001 : Yasser Arafat appelle à l'arrêt des opérations armées à l'intérieur d'Israël.

25 décembre 2001 : Ariel Sharon interdit à Yasser Arafat d'aller assister à la messe de minuit à Bethléem.

4 janvier 2002 : Israël intercepte en mer Rouge le *Karine A*, un navire contenant 40 tonnes d'armes défensives destinées selon l'État hébreu aux Palestiniens.

8 janvier 2002 : Benjamin Ben Eliezer, ministre israélien de la Défense reconnaît qu'il n'y a pas eu de période plus calme depuis le début de l'Intifada. 24 jours de calme ont régné entre les deux camps.

14 janvier 2002 : assassinat de Raed al-Karmi, responsable des brigades al-Aqsa de Toulka-

rem, un groupe armé lié au Fatah de Yasser Arafat, auteur de nombreuses actions anti-israéliennes.

16 janvier 2002 : en représailles, les brigades al-Aqsa revendiquent leur premier attentat à l'intérieur de l'État hébreu à Hadera. 6 Israéliens sont tués.

27 février 2002 : Tsahal entre pour la première fois dans un camp de réfugiés, à Balata près de Naplouse.

27 mars 2002 : un attentat revendiqué par le Hamas fait 26 tués dans un hôtel de Netanyah.

30 mars 2002 : début de l'opération « Mur de protection », lancée par Ariel Sharon, en représailles à une vague d'attentats islamistes.

15 avril 2002 : Marwan Barghouti, chef du Fatah en Cisjordanie, est arrêté par une unité d'élite de l'armée israélienne à Ramallah. L'État hébreu le considère comme l'instigateur de la révolte.

Les forces de sécurité palestiniennes

La Sécurité nationale : responsable du maintien de la sécurité dans les zones autonomes palestiniennes, aux moyens de barrages routiers et de patrouilles. C'est l'ossature de la future armée palestinienne. Elle peut être chargée également de protéger l'Autorité palestinienne contre une menace extérieure. Forte de 15 000 hommes environ, des anciens de l'Armée de libération de la Palestine (ALP) rentrés avec Arafat en 1994, et répartis entre la bande de Gaza (9 000) et la Cisjordanie (6 000), son commandant en chef est le général Abdel Razek el-Majeideh, à Gaza. Le général Haj Ismail est le responsable de la Cisjordanie. Il opère de manière autonome. La Sécurité nationale participait aux patrouilles conjointes avec l'armée israélienne, avant le démarrage de l'Intifada.

La Force 17 : la garde présidentielle. Responsable de la protection des personnalités palestiniennes et en premier lieu de Yasser Arafat et des lieux où ce dernier se déplace. Son commandant est Faisal Abou Sharkh. Elle compte environ 3 300 hommes (2 000 dans la bande de Gaza, et 1 300 en Cisjordanie). La Force 17 a été établie au milieu des années 1970 par Ali Hassan Salameh, l'homme qui noua les premiers contacts officieux entre l'OLP et les Américains, via la CIA. Le groupe restreint des gardes du corps de Yasser Arafat a reçu au cours de l'été 1999 une formation délivrée par le Service de protection des hautes personnalités (SPHP), dépendant de la Police nationale française.

La Sécurité préventive : le plus structuré des services de sécurité, chargé de la sécurité intérieure. Ses chefs, Mohamed Dahlan à Gaza et Jibril Rajoub en Cisjordanie, bénéficient d'une grande influence sur la rue et le pouvoir palestinien. Ils agissent de manière autonome. La Sécurité préventive s'est spécialisée dans la lutte contre les opposants au processus de paix, les islamistes en premier chef. La plupart de ses membres ont reçu une formation à l'étranger. Elle est composée de 5 000 membres environ, majoritairement issus du Fatah en Cisjordanie et dans la bande de Gaza, et dispose de volontaires ou d'indicateurs qui peuvent renforcer ses rangs à tout moment. L'établissement de la Sécurité préventive n'est pas prévu par les accords d'Oslo. Sa création a été négociée lors d'une rencontre à Rome, au printemps 1994, entre MM. Dahlan, Rajoub et Amnon Lipkin-Shahak, côté israélien.

Les Renseignements généraux : ils agissent en matière de sécurité intérieure (lutte antiterroriste, contre les opposants à Yasser Arafat, contre les collaborateurs palestiniens recrutés par Israël), en doublon avec la Sécurité préventive. Amine al-Hindi est le commandant en chef, et Tawfiq Tirawi le responsable pour la Cisjordanie. Ils comptent environ 4 000 hommes, essentiellement des responsables de la sécurité de l'OLP rentrés avec Yasser Arafat en 1994. Ils opèrent également comme un service de recherche extérieure, en dehors des territoires palestiniens.

Les Renseignements militaires : ils remplissent théoriquement le rôle de police militaire et interviennent en cas de conflit entre les différents services. Ils sont compétents également en matière de sécurité intérieure et de surveillance des opposants au rapprochement avec l'État hébreu. Leur chef est Moussa Arafat, neveu du chef de l'OLP. Ils comptent environ 600 hommes.

La Police : responsable du maintien de l'ordre (circulation, lutte antidrogue et anticriminalité), forte de 15 000 hommes (7 500 à Gaza, autant en Cisjordanie), son chef est le général Ghazzi Jabali.

La Police maritime : une force d'élite proche de Yasser Arafat qui peut assister la police dans des opérations anti-émeutes. Elle compte environ 1 000 hommes (600 à Gaza et 400 en Cisjordanie), dirigée par Jama Ghali. Elle est impliquée dans l'affaire du *Karine A*.

Les acquis des discussions de Taba

Après l'échec du sommet de Camp David, en juillet 2000, et malgré le déclenchement de l'Intifada en septembre, négociateurs israéliens et palestiniens ont poursuivi leurs discussions. En janvier 2001, dans un ultime effort avant l'élection du Premier ministre en Israël, ils se sont retrouvés à Taba (Égypte), afin d'avancer sur le chemin du règlement définitif du conflit qui les oppose depuis plus de cinquante ans.

Profitant des acquis de Camp David, et s'inspirant des paramètres tracés par Bill Clinton en décembre 2000, ils évoquèrent sans tabou la question de Jérusalem, le sort des réfugiés et le tracé du futur État palestinien. Des documents de travail ont circulé, témoignant d'avancées certaines, et les idées s'échangeaient sans censure. Mais l'époque ne se prêtait pas à la préparation d'un accord-cadre qui aurait pu conduire à un accord global. Clinton n'était déjà plus au pouvoir. En Israël, les sondages donnaient le Premier ministre Ehoud Barak largement perdant, à quelques jours de l'élection. Certains laissaient entendre que Barak n'était déjà plus habilité à engager son pays par la signature d'un accord même minimum.

Le 27 janvier 2001, Shlomo Ben Ami et Abou Alaa, à la tête des délégations israélienne et palestinienne, se quittaient sur un échec et sur un espoir. Aucune entente n'avait été trouvée. Mais tous savaient que l'acquis de Taba ne pouvait être perdu. C'est dans cet esprit qu'Israéliens et Palestiniens demandèrent à l'Union européenne au moment de quitter la ville égyptienne de conserver « la mémoire » de leurs discussions avec l'espoir de l'utiliser un jour.

L'envoyé spécial des Quinze au Proche-Orient, Miguel Angel Moratinos, présent à Taba pendant les négociations, fut chargé conjointement par les deux parties d'assumer cette responsabilité. Dans les mois qui suivirent, en dépit d'une politique différente conduite par Ariel Sharon, des équipes européennes, israéliennes et palestiniennes se sont retrouvées régulièrement pour nourrir un document qui voulait porter témoignage et servir le moment venu de base de travail et d'inspiration pour d'autres négociations. Le document qui suit est le fruit de ces rencontres. Conformément aux souhaits de tous, il s'agit d'un « non-paper » européen, c'est-à-dire un document officieux qui n'engage ni les Israéliens, ni les Palestiniens, et qui n'est placé que sous la seule responsabilité des Européens.

Tel qu'il se présente dans son dernier état d'avancement fin avril 2002, il témoigne des progrès accomplis.

DOCUMENT DE L'UNION EUROPÉENNE SUR LES NÉGOCIATIONS ISRAÉLO-PALESTINIENNES RELATIVES AUX QUESTIONS DU STATUT PERMANENT DES TERRITOIRES PALESTINIENS, A TABA EN JANVIER 2001

1. LE TERRITOIRE

Les deux parties sont convenues que conformément à la résolution 242 du Conseil de Sécurité des Nations unies, les lignes du 4 juin 1967 serviraient de tracé de départ aux frontières entre Israël et l'État de Palestine. Toute modification serait calculée à partir de ce tracé de départ.

1.1 La Cisjordanie

Pour la première fois, les deux parties ont présenté leurs propres cartes relatives à la Cisjordanie. Les cartes ont servi de tracé de départ aux discussions sur le territoire et les colonies. La partie israélienne a présenté deux cartes, et la partie palestinienne a réagi sur cette base. La partie palestinienne a présenté des cartes éclaircissant son interprétation des intérêts israéliens en Cisjordanie.

Les négociations ont porté sur les nombreux aspects de la problématique du territoire, question qui était susceptible d'inclure certaines des colonies, ainsi que la manière de prendre en compte les besoins de chacune des parties. Le plan Clinton a servi de base approximative de départ à la discussion, mais des divergences d'interprétation sur l'étendue et la signification des paramètres se sont fait jour. La partie palestinienne a déclaré accepter le plan Clinton, mais avec certaines réserves.

La partie israélienne a considéré que le plan Clinton prévoyait l'annexion de blocs de colonies. La partie palestinienne n'est pas convenue que le plan incluait de tels blocs, et n'a pas accepté les propositions visant à leur annexion. La partie palestinienne a déclaré que les blocs causeraient un préjudice significatif aux besoins et aux droits palestiniens, particulièrement à l'égard des Palestiniens résidant dans les zones dont Israël poursuivait l'annexion.

La partie israélienne a soutenu avoir droit à la continuité territoriale entre et parmi ses colonies. La partie palestinienne a déclaré que les besoins et les droits palestiniens devaient prévaloir sur les colonies. Les cartes israéliennes comprenaient des plans de développement ultérieur des colonies israéliennes en Cisjordanie. La partie palestinienne n'est pas convenue du principe autorisant le développement ultérieur de colonies en Cisjordanie. Toute croissance devrait intervenir à l'intérieur d'Israël.

La partie palestinienne a soutenu que, puisque Israël avait des besoins dans les territoires palestiniens, il lui incombait de proposer les modifications de frontières nécessaires. La partie palestinienne a réitéré son opinion que de telles propositions ne devraient pas porter préjudice aux besoins et aux droits palestiniens.

La partie israélienne a déclaré ne pas avoir besoin de maintenir de colonies dans la vallée du Jourdain pour raisons de sécurité, et a considéré que les cartes qu'elle avait proposées reflétaient cette position.

Les cartes israéliennes se fondaient principalement sur le concept démographique de blocs de colonies qui incorporeraient environ 80 % des colons. La partie israélienne a esquissé une carte présentant une annexion de 6 % de la Cisjordanie, soit la limite supérieure du plan Clinton. La carte explicative palestinienne montrait un échange de territoires portant sur 3,1 % de la Cisjordanie.

Les deux parties ont accepté le principe de l'échange de territoires, mais la proportionnalité de l'échange est demeurée irrésolue. Les deux parties sont convenues que les zones de souveraineté israélienne et palestinienne jouiraient d'une contiguïté de souveraineté respective. La partie israélienne a souhaité que des « actifs », telle la proposition israélienne de « lien territorial », soient pris en compte dans le cadre de l'échange de territoires, quand bien même la proposition israélienne n'accorderait pas de souveraineté palestinienne sur ces « actifs ». La partie israélienne a donné son accord à un échange de territoires d'un maximum de 3 %, conformément au plan Clinton.

Les cartes palestiniennes se fondaient sur un souci initial similaire rappelant l'importance attachée à ce qu'aucun village palestinien ne soit annexé, et à ce qu'il y ait une continuité territoriale en Cisjordanie, y compris Jérusalem-Est. Ces cartes s'appuyaient sur le principe d'un échange de territoires équitable en taille et en valeur, dans des zones contiguës à la frontière avec la Palestine, et dans le voisinage des zones annexées par Israël. La partie palestinienne a soutenu que les échanges de territoires s'appliqueraient également à des zones de Jérusalem-Est. De plus, la partie palestinienne a soutenu que les terres qui ne seraient pas sous souveraineté palestinienne, à l'instar de celles visées par la proposition israélienne relative au « lien territorial » ou aux intérêts économiques, ne sauraient être prises en compte dans le calcul de l'échange.

La partie israélienne a soumis une demande portant sur la location de 2 % supplémentaires de territoire, ce à quoi la partie palestinienne a répondu qu'aucun accord de location ne pourrait être conclu avant l'établissement d'un État palestinien et le transfert du territoire à la souveraineté palestinienne.

1.2 La bande de Gaza

Aucune des deux parties n'a présenté de cartes relatives à la bande de Gaza. Il en est résulté que la bande de Gaza serait sous totale souveraineté palestinienne, mais que les détails devaient encore en être discutés. Toutes les colonies seraient évacuées. Les Palestiniens ont soutenu qu'il était possible d'y parvenir en six mois, un calendrier auquel la partie israélienne n'a pas donné son accord.

1.3 Le lien territorial entre Gaza et la Cisjordanie

Les deux parties sont convenues qu'il y aurait un passage entre le nord de Gaza (Beit Hanoun) et le district de Hébron, et que la Cisjordanie et la bande de Gaza devaient être reliées territorialement. La nature du régime gouvernant le lien territorial et la souveraineté exercée dessus n'ont pas fait l'objet d'un accord.

2. JÉRUSALEM

2.1 La souveraineté

Les deux parties ont accepté dans son principe la proposition Clinton d'une souveraineté palestinienne sur les quartiers arabes et d'une souveraineté israélienne sur les quartiers juifs.

La partie palestinienne, dans le contexte de l'échange de territoires, a affirmé être disposée à discuter la demande israélienne relative aux colonies juives construites dans Jérusalem-Est après 1967, mais pas à Jabal Abu Ghneim (Har oma) et à Ras el-Amoud. La partie palestinienne a rejeté la souveraineté israélienne sur les colonies situées en dehors des limites municipales de Jérusalem, telles que Ma'ale Adumim et Givaat Ze'ev.

La partie palestinienne a interprété la position israélienne comme étant disposée à accepter une souveraineté palestinienne sur les quartiers arabes de Jérusalem-Est, y compris la totalité des quartiers musulman, chrétien et arménien de la Vieille Ville. La partie israélienne a interprété la position palestinienne comme reconnaissant une souveraineté israélienne sur le quartier juif de la Vieille Ville et une partie du quartier arménien.

2.2 La ville ouverte

Les deux parties étaient favorables à l'idée d'une ville ouverte.

La partie israélienne a suggéré l'établissement d'une ville ouverte, dont l'étendue géographique engloberait la Vieille Ville de Jérusalem, ainsi qu'une zone définie comme le Bassin Sacré, ou Bassin Historique.

La partie palestinienne s'est déclarée favorable à une ville ouverte à condition que soient préservées la continuité et la contiguïté territoriales, et a rejeté la proposition israélienne relative à l'étendue géographique de la ville ouverte, en affirmant que la ville ouverte ne se concevait que dans le cadre d'une étendue géographique englobant Jérusalem-Est et Jérusalem-Ouest.

La partie israélienne a émis l'idée d'établir un mécanisme visant à une coordination au quotidien, et différents modèles ont été proposés en matière de coordination municipale et de coopération (pour l'infrastructure, les routes, l'électricité, les eaux usées, l'enlèvement des déchets, etc.).

De telles dispositions pourraient faire l'objet d'accords détaillés ultérieurs. Elle a proposé un « régime de frontière souple » à l'intérieur de Jérusalem entre Al-Quds et Yerushalaim, afin de gérer les zones frontalières, telles que celle de la route numéro 1, avec des cartes d'identité spéciales pour les résidents de Al-Quds et de Yerushalaim, qui leur accorderaient les privilèges de la « frontière souple ». De plus, la partie israélienne a proposé un certain nombre de dispositions spéciales pour les résidents palestiniens et israéliens de la ville ouverte, afin de garantir que les dispositions relatives à celle-ci ne portent pas préjudice à leur vie au quotidien, ni ne compromettent la souveraineté de chaque partie sur sa section de la ville ouverte. La partie palestinienne a émis des réserves à propos de ces suggestions israéliennes.

2.3 La capitale de deux États

Les deux parties sont convenues que la ville de Jérusalem serait la capitale de deux États : Yerushalaim, capitale d'Israël, et Al-Quds, capitale de l'État de Palestine.

2.4 Le Bassin Sacré/Historique et la Vieille Ville

Le développement d'un concept alternatif relatif à la Vieille Ville et à ses environs a été élaboré, et la partie israélienne a proposé à la discussion de nombreux modèles différents, établissant par exemple un mécanisme étroit de coordination et de coopération dans la Vieille Ville. L'idée d'un régime de force spéciale de police a fait l'objet de discussions mais pas d'un accord.
La partie israélienne a exprimé son intérêt et fait part de sa préoccupation, en ce qui concerne la zone décrite comme le Bassin Sacré (qui inclut le Cimetière juif du Mont des Oliviers, la Cité de David, la vallée du Kidron). La partie palestinienne a confirmé son intention de prendre en compte les intérêts et préoccupations israéliens à la condition que ces zones demeurent sous souveraineté palestinienne. Une autre option pour le Bassin Sacré, que la partie israélienne a formulé de manière informelle, était soit de créer un régime spécial, soit de suggérer une forme d'internationalisation de la zone entière, soit encore un régime commun s'accompagnant d'une coopération et d'une coordination spéciales. La

partie palestinienne n'a souhaité adopter aucune de ces idées, en dépit du fait que la discussion a pu se poursuivre.

2.5 Les Lieux Saints/le Mur Occidental et le Mur des Lamentations

Les deux parties sont convenues du principe d'un contrôle respectif de chaque partie sur ses lieux saints respectifs (contrôle religieux et administratif). Selon ce principe, le contrôle d'Israël sur le Mur des Lamentations serait reconnu en dépit du fait que ne soit pas tranchée la querelle relative à la définition de la zone du Mur et, en particulier, son lien à ce qui est appelé dans le plan Clinton l'espace sacré du judaïsme, dont il fait partie.

La partie palestinienne a reconnu qu'Israël avait demandé que soit établi un rattachement aux parties sacrées du Mur Occidental, mais, en raison de ses propres réserves relatives au tracé du Mur Occidental/des Lamentations, la question n'a pu être entièrement résolue.

2.6 Haram al-Sharif/le Mont du Temple

Les deux parties sont convenues que la question du Haram al-Sharif/Mont du Temple n'a pu être résolue. Les deux parties ont pris note de dispositions pratiques relatives aux excavations, à l'occupation des sols et à l'ordre public à l'intérieur de l'enceinte. Une suggestion informelle a été formulée que, pour une période déterminée comme par exemple pour trois ans, le Haram al-Sharif/Mont du Temple soit placé sous la souveraineté internationale du P5 (les cinq membres permanents au Conseil de sécurité de l'ONU : États-Unis, Russie, France, Grande-Bretagne et Chine) et du Maroc (ou d'une autre présence musulmane), les Palestiniens en étant « gardiens » durant cette période. À l'issue de la période, les deux parties pourraient s'accorder, soit sur une nouvelle solution, soit sur la prolongation des dispositions existantes. En l'absence d'un accord, les deux parties s'en remettraient à la mise en œuvre du plan Clinton. Aucune partie n'a rejeté ou accepté la suggestion.

3. LES RÉFUGIÉS

Des documents non-officiels ont été échangés, constituant un point de départ convenable pour les discussions. Les deux parties ont considéré que la question des réfugiés palestiniens était cruciale dans le cadre des relations israélo-palestiniennes, et qu'il était essentiel d'aboutir à une solution globale et juste en vue de l'établissement d'une paix durable et moralement satisfaisante. Les deux parties sont convenues de l'adoption de principes et de références propres à faciliter la conclusion d'un accord.

Les deux parties ont suggéré, comme base de

départ, qu'elles s'accordent sur le fait qu'un règlement juste du problème des réfugiés en conformité avec la résolution 242 du Conseil de sécurité des Nations unies devait conduire à la mise en œuvre de la résolution 194 de l'Assemblée générale des Nations unies. Les deux parties ont soutenu leurs versions respectives de la résolution 194, c'est-à-dire le droit au retour contre le souhait de retour.

3.1 L'interprétation

La partie israélienne a suggéré une interprétation commune de la tragédie des réfugiés palestiniens. La partie palestinienne a discuté l'interprétation proposée et des progrès ont été enregistrés, bien qu'aucun accord n'ait pu être conclu en vue de l'élaboration d'une interprétation historique générale.

3.2 Le Retour, le Rapatriement, la Réinstallation et la Réhabilitation

Les deux parties ont engagé une discussion portant sur la praticabilité de la résolution du problème posé par les réfugiés. La partie palestinienne a réitéré son opinion que le droit au retour dans leurs foyers devait être accordé aux réfugiés palestiniens, selon les termes de la résolution 194. La partie israélienne a fait part de son interprétation selon laquelle le souhait de retour, selon les termes employés dans la résolution 194, devait être mis en œuvre dans le cadre d'un des programmes suivants :

A. Retour et Rapatriement :
1. en Israël.
2. dans les territoires échangés par Israël, territoires discutés lors des négociations territoriales.
3. dans l'État palestinien.
B. Réhabilitation et Réinstallation :
1. Réhabilitation dans le pays d'accueil.
2. Réinstallation dans un pays tiers.

La préférence pour chacune de ces options devrait être accordée à la population palestinienne réfugiée au Liban.

La partie palestinienne a souligné que ce plan devait être soumis au libre choix individuel des réfugiés et ne devrait pas porter préjudice à leur droit au retour dans leurs foyers prévu par la résolution 194.

La partie israélienne a formulé de manière informelle un programme d'absorption en trois volets s'étalant sur 15 ans, qui a été discuté mais n'a pas fait l'objet d'un accord. Le premier volet avait trait à l'absorption en Israël. Aucun chiffre n'a fait l'objet d'un accord, mais un document non-officiel faisait référence à 25 000 personnes au cours des trois premières années du programme (le document ne faisait pas mention de 40 000 personnes au cours des cinq premières

années du programme mais ce chiffre a été évoqué verbalement).
Le deuxième volet portait sur l'absorption de réfugiés palestiniens dans le territoire israélien appelé à passer sous souveraineté palestinienne, et le troisième sur l'absorption de réfugiés dans le cadre du regroupement familial.
La partie palestinienne n'a pas proposé de chiffres, déclarant que la discussion ne pouvait se fonder sur des chiffres mais sur des droits. Elle a ajouté qu'aucune négociation ultérieure sur les quotas annuels ne pourrait s'ouvrir sans une ouverture raisonnable de la position israélienne.

3.3 La compensation

Les deux parties sont convenues de l'établissement d'une Commission internationale et d'un Fonds international comme mécanisme de gestion de la compensation sous tous ses aspects. La partie palestinienne a proposé que la direction du processus de « retour, rapatriement, réinstallation et réhabilitation » soit incluse dans le mandat de la Commission internationale, et les deux parties ont discuté les détails de la proposition. Les deux parties sont convenues que la compensation pour les souffrances occasionnées devrait être payée au terme d'une procédure accélérée.
Des progrès ont également été enregistrés dans le domaine des compensations israéliennes pour les pertes matérielles, les expropriations de terres et d'actifs, y compris un accord sur le paiement

par Israël d'une somme forfaitaire ou d'un montant approprié à déterminer qui serait versé au Fonds international.

Selon la partie israélienne, le calcul de ce paiement serait fondé sur une étude macro-économique visant à évaluer les biens afin d'obtenir une estimation équitable. Néanmoins, la partie palestinienne a soutenu que cette somme devrait être calculée d'après les registres de l'UNCCP (la Commission de conciliation des Nations unies pour la Palestine), du Gardien de la Propriété des Absents, et d'autres données pertinentes, corrigées d'un multiplicateur afin d'obtenir une valeur équitable. La partie israélienne est convenue que les registres du Gardien de la Propriété des Absents seraient transférés à la Commission internationale lors de son établissement.

3.4 L'UNRWA

Les deux parties sont convenues que l'UNRWA (Office des Nations unies chargé des réfugiés palestiniens) devrait être démantelé selon un calendrier établi en commun, avec une date cible de cinq ans. La partie palestinienne a ajouté un ajustement possible de cette période afin de s'assurer de la bonne mise en œuvre des autres aspects de l'accord relatif aux réfugiés, ainsi que du fait qu'il soit mis un terme au statut de réfugié palestinien dans les différents pays concernés.

3.5 Les anciens réfugiés juifs

La partie israélienne a demandé que soit reconnue la question de la compensation due aux anciens réfugiés juifs des pays arabes, tout en acceptant l'idée que la responsabilité n'était pas palestinienne et qu'il ne s'agissait pas d'une question bilatérale. La partie palestinienne a fait part de ses doutes quant au fait qu'il s'agisse d'un sujet pertinent pour un accord bilatéral palestino-israélien.

3.6 La restitution

La partie palestinienne a soulevé la question de la restitution des biens des réfugiés. La partie israélienne a rejeté cette demande.

3.7 Mettre un terme aux réclamations

La question de mettre un terme aux réclamations a été discutée, et il a été suggéré que la mise en œuvre de l'accord devrait constituer une mise en œuvre complète et totale de la résolution 194, et pour cette raison mettre un terme à toutes réclamations.

4. LA SÉCURITÉ

4.1 Les stations d'alerte avancée

La partie israélienne a demandé à disposer de trois stations d'alerte avancée en territoire palestinien. La partie palestinienne était prête à accepter la continuation du fonctionnement de stations d'alerte avancée, mais sous couvert de certaines conditions. Le mécanisme final devrait donc être détaillé lors de négociations ultérieures.

4.2 La capacité militaire de l'État de Palestine

La partie israélienne a soutenu que l'État de Palestine devrait être non-militarisé conformément au plan Clinton. La partie palestinienne s'est dite prête à accepter une limitation de sa capacité à acquérir des armes, et à être définie comme un État à l'armement limité. Les deux parties ne se sont néanmoins pas accordées sur l'étendue de la limitation des armements, mais ont entamé l'exploration de différentes options. Les deux parties ont convenu que cette question n'avait pas été résolue.

4.3 Le contrôle de l'espace aérien

Les deux parties ont reconnu que l'État de Palestine aurait le contrôle de son espace aérien.
La partie israélienne est convenue d'accepter et d'honorer les droits de l'aviation civile de Palestine conformément aux règles internationales, mais a poursuivi la recherche d'un système de contrôle aérien unifié sous contrôle israélien. De plus, Israël a demandé l'accès à l'espace aérien palestinien pour ses opérations militaires et d'entraînement.

La partie palestinienne s'est dite intéressée par la recherche de modèles en vue d'une coopération et d'une coordination larges dans le domaine de l'aviation civile, mais non désireuse de concéder à Israël le contrôle unifié. Pour ce qui des opérations militaires et d'entraînement israéliennes, la partie palestinienne a rejeté cette demande, comme étant incohérente avec la neutralité de l'État de Palestine, prenant note qu'elle ne pouvait concéder ces privilèges à Israël tout en les refusant à ses voisins arabes.

La question est encore en discussion. Il a été suggéré et approuvé qu'un comité d'experts des deux parties continue à poursuivre la recherche d'une solution dans ce domaine.

4.4 Le calendrier du retrait de Cisjordanie et de la vallée du Jourdain

Sur la base du plan Clinton, la partie israélienne est convenue d'un retrait de Cisjordanie sur une période de 36 mois, 36 autres mois étant requis dans la vallée du Jourdain, en conjonction avec une force internationale. Elle a soutenu qu'une distinction devait être opérée entre la vallée du Jourdain et le reste de la Cisjordanie.

La partie palestinienne a rejeté le calendrier d'un retrait de Cisjordanie sur 36 mois, exprimant la crainte qu'un processus étalé dans le temps n'exacerbe les tensions palestino-israéliennes. La partie palestinienne a proposé un retrait sur 18 mois sous l'égide de forces internationales.

Pour la vallée du Jourdain, la partie palestinienne s'est déclarée prête à prendre en compte une période supplémentaire de 10 mois pour le retrait des forces armées israéliennes. Bien que la partie palestinienne se soit dite prête à prendre en considération la présence de forces internationales en Cisjordanie pour une période plus longue, elle a refusé de cautionner la présence prolongée de forces israéliennes.

4.5 Le déploiement d'urgence (ou bases d'urgence)

La partie israélienne a demandé à pouvoir conserver cinq bases d'urgence en territoire palestinien (dans la vallée du Jourdain), entraînant une réponse palestinienne n'autorisant qu'un maximum de deux bases d'urgence à condition qu'une date limite soit fixée pour leur démantèlement. De plus, la partie palestinienne considérait que ces bases d'urgence devaient être occupées par une présence internationale et non par des Israéliens. De manière informelle, la partie israélienne a émis le souhait que puisse être facilitée une présence internationale qui tente de résoudre les préoccupations respectives des parties.

La partie palestinienne a refusé de donner son agrément au déploiement de forces armées israéliennes sur son territoire en période de crise, mais s'est dite disposée à étudier de quelle manière des forces internationales pourraient servir cet objectif, en particulier dans le cadre des efforts de coopération sécuritaire régionale.

4.6 La coopération sécuritaire et la lutte contre le terrorisme

Les deux parties étaient disposées à s'engager en vue de promouvoir la coopération sécuritaire et la lutte contre le terrorisme.

4.7 Les frontières et leur franchissement

La partie palestinienne a exprimé sa certitude que la souveraineté palestinienne sur ses frontières et ses points de passage internationaux seraient reconnus par l'accord. Néanmoins, les deux parties n'avaient pas résolu le problème, y compris la question de la surveillance et de la vérification des frontières internationales de la Palestine (présence israélienne ou internationale).

4.8 La sphère électromagnétique

La partie israélienne a reconnu à l'État de Palestine la jouissance de la sphère électromagnétique, et s'est engagée à ne pas chercher à porter atteinte à l'usage commercial de la sphère par les Palestiniens, mais a cherché à en avoir le contrôle pour raisons de sécurité.
La partie palestinienne poursuivait l'objectif d'un exercice de droits pleins et souverains sur la sphère électromagnétique, mais s'est dite dispo-

sée à prendre en compte des besoins raisonnables d'Israël, dans un cadre de coopération et conformément aux règles internationales.

Remerciements

Je tiens à exprimer ma sincère gratitude envers Christian Chesnot et Luc de Barochez qui ont bien voulu relire le manuscrit. Ce livre doit également beaucoup à José Véricat à Gaza, Frank Crispino, Christian Jouret, Mohamed Shtayyeh, Nidal Rafa et Youssef Shomali à Jérusalem, à Mahmoud al-Butneh à Bethléem, à Mohamed Hamza au Caire, Mohamed Shehada à Rafah et à tous ceux, diplomates, activistes et responsables politiques, qui m'ont parlé, avec franchise et générosité, et qui souhaitent garder l'anonymat.

Table des matières